HUNDE RICHTIG MASSIEREN

Hunde richtig massieren

VON BRUNHILDE MÜHLBAUER

CADMOS
HUNDEBÜCHER

Cadmos Verlag GmbH Lüneburg

Gestaltung: Ravenstein Brain Pool
Layout, Satz und Illustrationen: M. Eckenbach
Fotos: InfoHund Eva-Maria Krämer
Druck: Westermann Druck, Zwickau

Printed in Germany
ISBN 3-86127-722-0

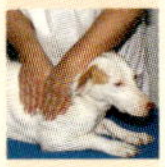

EINLEITUNG

Der Hund in meinen Händen

Viel mehr als Streicheleinheiten

Zu Beginn dieses Buches möchte ich Ihnen einen kurzen Einblick geben, warum ich mich mit den therapeutischen Möglichkeiten, die Hände bieten, auseinandergesetzt habe und wie ich sie in meine praktische Arbeit umsetze. Weiterhin möchte ich jedem Tierbesitzer und auch Therapeuten etwas an die Hand geben – im wahrsten Sinne des Wortes – mit dem jeder nach seinem Talent oder Interesse arbeiten kann. Sie haben mit der Akupressur, der Massage, Reflexzonenmassage und TTOUCH vielfältige Methoden zur Hand, mit denen jeder Tierbesitzer erfolgreich arbeiten kann. Die in diesem Buch vorgestellten Akupressur-Punkte sind bewusst so gewählt, dass auch ein Einsteiger in diese Methode gut damit arbeiten kann. Trotzdem rate ich dazu, eine erste Behandlung im Krankheitsfall von einem Therapeuten durchführen zu lassen, und ihm genau auf die Finger zu schauen. Bei der Chakrabehandlung, bei Reiki oder Magnetismus und Handauflegen bedarf es schon einer gezielteren Ausbildung und eines besonderen Interesses. Sollten Sie beim Lesen einzelner Kapitel ein tieferes Interesse für eine bestimmte Methode verspüren, so informieren Sie sich über Seminare und gute Ausbilder.

An dieser Stelle möchte ich ganz besonders darauf hinweisen, dass alle beschriebenen Methoden einen Tierarztbesuch im Krankheitsfall oder bei einem Unfall niemals ersetzen können. Sie sollten immer den Tierarzt aufsuchen, um eine gesicherte Diagnose zu haben. Alle Methoden in diesem Buch sind unterstützende und begleitende Behandlungen, um Ihrem Hund die Schmerzen zu erleichtern, eine Heilung zu beschleunigen oder Medikamente zu reduzieren. Es gibt Ausnahmen, zum Beispiel bei Unfall und Schock, bei denen Sie schon auf dem Weg zum Tierarzt arbeiten sollten. Auch bei extremen Verhaltensstörungen können Krankheiten

Machen Sie mehr aus Ihren Streichelstunden, nutzen Sie die Gelegenheit zum Beispiel für eine Massage.

mitspielen, starke Schmerzen, bei denen man die Ursache selbst nicht erkennen kann, zum Beispiel bei einem Gehirntumor, bei dem Ihr Tier plötzlich eine Veränderung seines Wesens zeigt oder aggressiv gegen Sie wird. Klären Sie zunächst erst den medizinischen Aspekt mit einem Tierarzt ab.

Bei Verhaltensstörungen, zur Regeneration, zur Stärkung des Immunsystems und beim Aufbau der Beziehung zu Ihrem Hund haben Sie die Möglichkeit, allein zu arbeiten oder mit Unterstützung eines Tiertherapeuten. In jedem Kapitel wird nochmals näher darauf eingegangen.

Mein Weg zur Tiertherapeutin

Schon als Kind hatte ich viele glückliche Erlebnisse mit Tieren, die vielleicht im Unterbewusstsein schon einen Grundstock gelegt haben. Ich beginne da, wo es mir bewusst wurde, dass ich mich gezielt mit Naturheilkunde und Tiertherapien befassen sollte.

Der Auslöser, mich mit der alternativen Medizin auseinanderzusetzen, war ein Todesfall 1976 in meiner Familie. Meine ganzen Bemühungen zu helfen waren erfolglos. Ende 1976 erkrankte ich ebenfalls und man sagte mir damals nur noch eine kurze Lebensspanne voraus. Dies war ein Schock, aber auch gleichzeitig der Grund, einen Heilpraktiker aufzusuchen und dort eine Behandlung zu beginnen.

Während meiner Behandlungszeit überzeugte mich mein Heilpraktiker, dass ich mich doch intensiver mit der Naturheilkunde und ihren Möglichkeiten befassen sollte. Ich begann das vierjährige Studium zur Heilpraktikerin. An der Schule waren zur damaligen Zeit schon viele praktizierende Heilpraktiker, die aber aufgrund der damaligen Gesetzgebung ihre staatliche Prüfung noch nachholen mussten.

Dadurch wurde ich schon während der Ausbildung mit vielen Methoden bekannt, die nicht auf dem Lehrplan standen. Und da ich meinen Hund immer bei mir haben konnte, wurde der von den Kollegen dort auch schon naturheilkundlich betreut. Zu dieser Zeit habe ich allerdings noch nicht daran gedacht, Tiere mit in meine Ausbildung einzubeziehen. Als ich dann meine eigene Praxis hatte und meine Patienten auch immer mehr Hilfe für ihre Tiere wünschten, beschäftigte ich mich zunehmend mit diesem Thema. Der Versuch, eine gute Ausbildung für Tiere zu bekommen, schlug allerdings fehl. In allen Schulen sollte man eine Ausbildung zuerst als Heilpraktiker für Menschen machen und die Tierausbildung, die ja als Ausbildung zum Tierheilpraktiker herausgestellt wurde, war sehr unbefriedigend, weil 90 Prozent der Ausbildung rein theoretisch ablief.

Ich beschloss also, meine Fähigkeiten, die ich bei den Menschen mit Erfolg praktizierte, auf Tiere umzusetzen. Mit viel Kleinarbeit und Geduld habe ich mit Hilfe meiner Patienten, die mir ihre Tiere anvertrauten, das herausgearbeitet, was Sie jetzt hier in diesem Buch finden und vor allen Dingen ganz einfach nacharbeiten können. Ich habe mich bewusst mit der manuellen Therapie der Tiere beschäftigt, da dies ein vernachlässigtes Thema in der

Tierheilkunde ist. Für die Behandlung mit Homöopathie und Bachblüten gibt es inzwischen schon viele Therapeuten. Alle Literatur, die ich vor Jahren fand, war sehr kompliziert geschrieben und man hatte Schwierigkeiten, sich damit zurechtzufinden. Deshalb ist es mein Bestreben, Ihnen in diesem Buch alles so einfach und verständlich wie möglich aufzuzeigen.

Ein halbes Jahr bin ich regelmäßig in eine Tierklinik gefahren, um dort als Assistentin zu arbeiten und mir das Wissen über Anatomie anzueignen. Zusätzlich habe ich viele Kurse besucht, die in dieser Richtung angeboten wurden. Gerade in der Tiertherapie habe ich die manuellen Therapien am Tier vermisst, heutzutage hat man schon eher die Möglichkeit, Kurse und Seminare zu finden, die sich damit befassen. Damals stellte ich fest, dass bei Tieren – und gerade bei Hunden – mit den Therapien, die über die Berührungen mit den Händen stattfanden, sehr große Erfolge zu erzielen waren.

In meiner Praxis arbeite ich heute unter anderem mit Akupunktur, mit verschiedenen Massagetechniken und Reflexzonenmassage. Da ich beim Hund nicht mit Nadeln arbeiten wollte, habe ich mich voll auf die Akupressur konzentriert und so die einzelnen Akupressurpunkte herausgearbeitet, mit denen Sie selbst arbeiten können, ohne die ganze Materie der Akupunktur lernen zu müssen.

Die Begriffe, die normalerweise für die Akupunktur und auch für die Akupressur notwendig sind – zum Beispiel alle Angaben der Meridiane, die Zuordung von Yin und Yang, Chi Energie wurden in diesem Buch bewusst nicht beschrieben, sondern nur die Punkte angegeben, die Sie selbst finden können und die relativ schnelle Hilfe bringen. Wer sich mit Akupunktur befasst, kann diese Punkte automatisch den einzelnen Energiebahnen zuordnen. Genauso habe ich die Massage am Hund und auch die Reflexzonenmassage vom Menschen auf den Hund übertragen, zwar mit kleinen Veränderungen, aber mit großer Wirkung.

Tierbesitzer, die Erfahrung mit Reiki oder Magnetismus haben, sollten ihre Tiere in die Behandlung mit einbeziehen. Sie sind auch in der Lage, die Chakra-Behandlung durchzuführen.

1995 hörte ich durch Zufall von der TTEAM- und TTOUCH-Methode von Linda Tellington-Jones und besuchte eine Demo-Veranstaltung, die von Linda durchgeführt wurde. Ich war so begeistert von diesem Nachmittag, dass ich mich sofort zu einer Ausbildung als Practitioner für die TTEAM-Methode anmeldete und seit 1996 auch mit dieser Methode arbeite. Inzwischen nehmen an meinen Kursen nicht nur Tierbesitzer teil, sondern auch Tierärzte, Tierarzthelferinnen und Tiertherapeuten, auch Rettungshundestaffeln, die oft schnelle Hilfe für ihr Tier bei Einsätzen und im Training benötigen.

Zu jedem Kapitel finden Sie am Anfang eine kurze Beschreibung über die jeweilige Methode. Sie werden schon das Passende für sich herausfinden.

Ich hoffe, Sie haben so viel Freude und Erfolg bei Ihrem Tier, wie ich es in den Jahren, die ich bereits mit Tieren arbeite, hatte und habe.

Punkt für Punkt zum Wohlbefinden

Die Akupressur ist eine Abwandlung der Akupunktur und wird an den gleichen Punkten angewandt, allerdings nur durch Fingerdruck oder durch eine leichte Massage auf dem Punkt. Bei der Akupunktur werden in die Akupunkturpunkte Metallnadeln gesetzt, um die Energiebahnen des Körpers, die Meridiane, zu aktivieren.

Sie haben bei Ihrem Hund mit der Akupressur den gleichen Erfolg wie mit Akupunkturnadeln, aber durch die Berührung mit Ihren Händen wirken Sie auch gleichzeitig auf seine Psyche mit ein. Sie erreichen dadurch eine Beruhigung des Hundes und können so viel besser auf das körperliche und seelische Befinden Einfluss nehmen.

Außerdem haben Sie eine fast schmerzfreie Behandlung, die Sie selber zur Unterstützung anderer Therapien einsetzen können: bei einem Notfall zur Schmerzlinderung, bei akuten oder chronischen Erkrankungen, zum Aktivieren, zum Regenerieren, auch zum Sedieren. Sie können

Mit Akupunktur werden von alters her in China nicht nur Menschen geheilt, sondern auch Hunde, wie dieses Modell zeigt. Foto: Petra Gehlhar

bei fast allen Beschwerden mit Ihren Händen große Erfolge erzielen. **Sie sollten allerdings zuvor immer die Diagnose eines Tierarztes einholen,** die Sie dann mit Ihrer Hände Arbeit begleiten können. Nur in Notfällen sollten Sie die Behandlung auf dem Weg zum Tierarzt schon einsetzen. Zur Regeneration, zum Vorbeugen vor Krankheiten und zur Stärkung des Immunsystems können Sie auch ohne eine gezielte Diagnose arbeiten. Aber alle Erkrankungen, die einer exakten Diagnose und Untersuchungen bedürfen, zum Beispiel Blut, Urin, Ultraschall oder Röntgenaufnahmen, gehören in die fachlichen Hände eines Tierarztes.

Aus dem alten China

Die Akupressur ist eine Heilmethode, die in China schon seit über 5000 Jahren angewandt wird. Der Name leitet sich vom lateinischen Wort ‚acus' (Nadel, Spitze) und ‚pressus' (Druck) ab. Die traditionelle chinesische Medizin geht davon aus, dass ein System von 14 Energie-Leitbahnen (die Meridiane) als Informationsträger zwischen Körper-Innerem und -Oberfläche fungiert. Nur der ungehinderte Fluss der Lebensenergie (Chi) kann Ausgeglichenheit und Wohlbefinden ermöglichen. Wo der Energiefluss im Körper unterbrochen ist, entwickeln sich Unwohlsein, Schmerzen und

Krankheit; Schmerzen, die medizinisch oft nicht diagnostizierbar sind. Durch den Druck auf bestimmte Stellen der Meridiane (Akupunkturpunkte) – nicht durch Einstechen – werden gezielt innere Organe und Energiebahnen des Körpers aktiviert. Dadurch lassen sich Blockaden auf diesen Bahnen lösen und Krankheiten günstig beeinflussen und heilen. Die Technik ist leicht zu erlernen. Aus dem Meridiansystem sind in diesem Buch gezielt die Punkte ausgesucht, die für eine schnelle Behandlung Ihres Hundes ausreichen.

Lokalisieren

In diesem Buch finden Sie viele Illustrationen und Fotografien, an denen Sie sich orientieren und den angegebenen Bereich dann abtasten können. Sie werden bei Ihrem Hund instinktiv die richtige Stelle finden. Möglicherweise fühlen Sie eine kleine Einbuchtung, auch eine kleine Veränderung der Gewebefestigkeit oder der Struktur ist möglich. Häufig ist der richtige Punkt auch schmerzempfindlicher als die Umgebung.

Druckfestigkeit (Kraftaufwand), Technik und Dauer

Die gebräuchlichste Art, einen Akupressurpunkt beim Hund anzuregen, ist das Drücken mit der Fingerkuppe des Daumens (stärkerer Druck), oder mit Mittel- oder Zeigefinger (mittlerer oder leichter Druck). Die Finger werden dabei in das

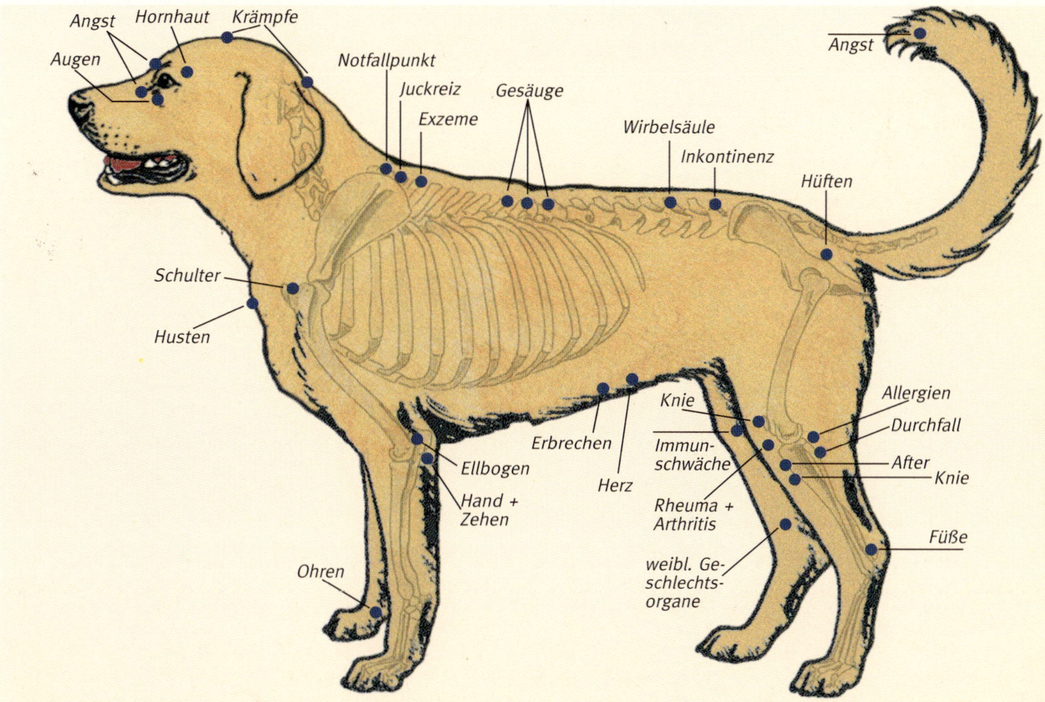

Eine Übersicht der Akupressurpunkte beim Hund

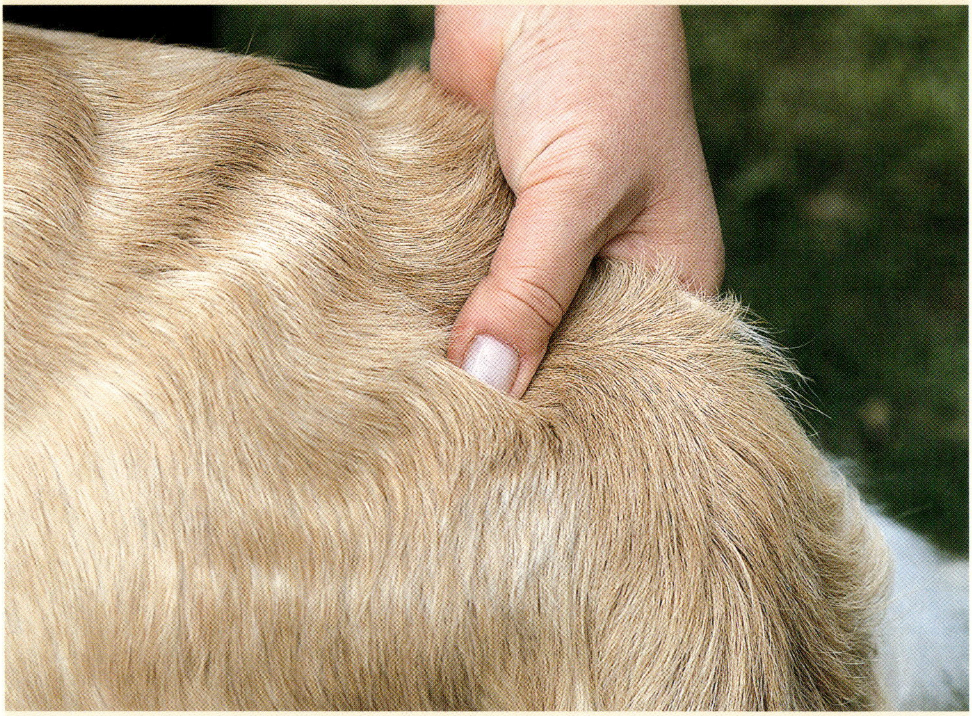

Mit dem Daumen kann man besser die Drucktechnik machen ...

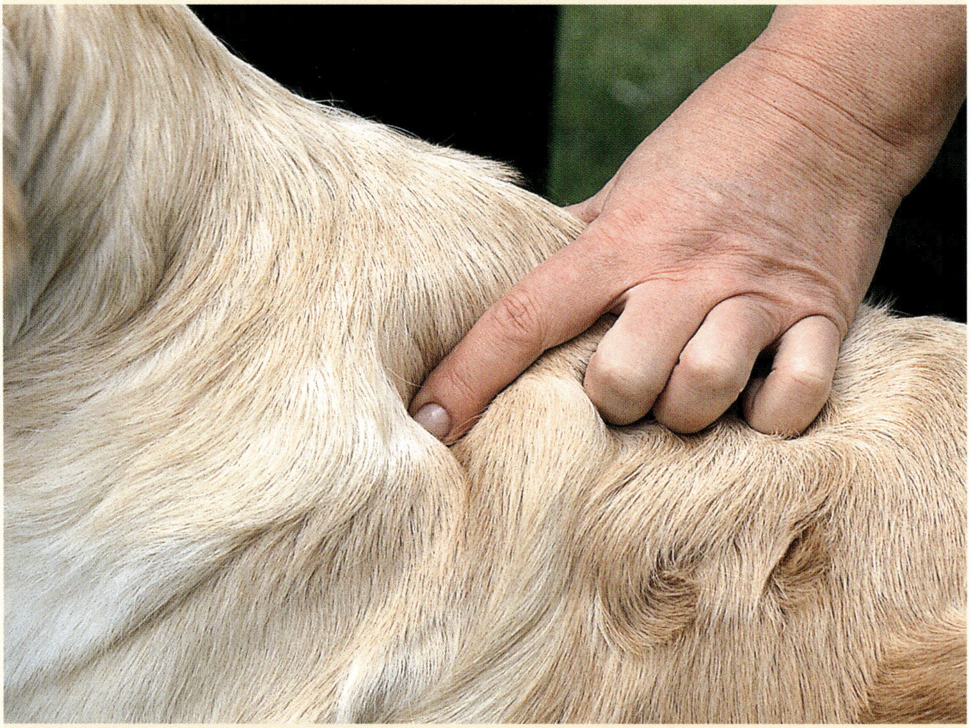

... mit Zeige- oder Mittelfinger besser die Massagetechnik.

Zentrum des Akupressurpunktes gesetzt und es wird im Uhrzeigersinn kreisend massiert. Es werden nur wenige (etwa zwei bis drei) Kreisbewegungen pro Sekunde gemacht. Wichtig dabei ist es, den Finger auf der gleichen Stelle zu belassen. Insgesamt sollte ein Akupressurpunkt bei mittlerer Stärke zwischen einer und vier Minuten massiert werden. Bei der Massagetechnik mit mittlerem oder leichtem Druck gibt es auch Indikationen, die lange behandelt werden müssen (siehe die einzelnen Beschreibungen).

Bei der Drucktechnik wird in kurzen Abständen immer mit festem Druck auf den gleichen Punkt gearbeitet, allerdings nur für Sekunden. Bei Fingerdruck halten Sie den Finger auf dem Akupressurpunkt kurz mit einem gleichmäßig festen Druck auf den Punkt, nehmen den Druck zurück und beginnen wieder neu. Es gibt noch einige andere Akupressur-Techniken, die aber bei einem Hund nicht angebracht sind und deshalb hier nicht angesprochen werden.

Sie haben auch die Möglichkeit, an Stellen, die schlecht erreichbar sind, oder bei kleinen Hunden mit Massagestäbchen zu arbeiten. Statt des Massagestäbchens können Sie auch ein mit Öl angefeuchtetes Q-Tip benutzen. Bitte auf keinen Fall spitze Gegenstände verwenden!

Die Druckstärke, die Sie benötigen, richtet sich nicht zuletzt nach der Schwere der Erkrankung und Schmerzempfindlichkeit Ihres Hundes. Probieren und experimentieren Sie so lange, bis Sie die richtige Stärke herausgefunden haben. Ihr Hund sollte Reaktionen zeigen, aber keine Schmerzen empfinden. Beobachten Sie Ihren Hund, er wird Ihnen zeigen, was er als angenehm empfindet. Bei Notfällen (Notfallpunkte) gibt es eine Ausnahme. Dort muss man so lange mit starkem Druck arbeiten, bis der Hund aus dem Schockzustand zurückkommt und sich sein Kreislauf wieder stabilisiert hat. Auch bei Kreislaufproblemen drückt man etwas fester zu bis zur Stabilisierung. **Versuchen Sie unbedingt, ein Gefühl für die richtigen Druckstärken zu entwickeln. Das erreichen Sie, indem Sie die Akupressur zur Vorbeugung anwenden; so üben Sie für den Ernstfall.**

Schmerzen des Bewegungsapparates, der Gelenke und Wirbelsäule

Bei der Akupressur gibt es allgemein wirkende Schmerzpunkte. Sie wirken auf alle Gelenke und lindern sofort die Schmerzen, man kann sie daher auch als Notfallpunkte bezeichnen. Im Notfall massieren Sie einen dieser Punkte, bis ärztliche Hilfe bereitsteht. Wenden Sie die Akupressur sofort an, erleichtern Sie Ihrem Tier die Fahrt zum Tierarzt. Die Punkte lindern ebenso Schmerzen bei Rheuma und Arthritis, in den Hinterbeinen, an den Füßen und Kniegelenken. Das sind nicht nur Erkrankungen, die älteren Hunden zu schaffen machen. Rheuma kann auch schon bei jungen Hunden auftreten. Die Gelenke röten sich und schwellen an, eine Verformung der Gelenke tritt ein und die Muskeln können dabei in Mitleidenschaft gezogen wer-

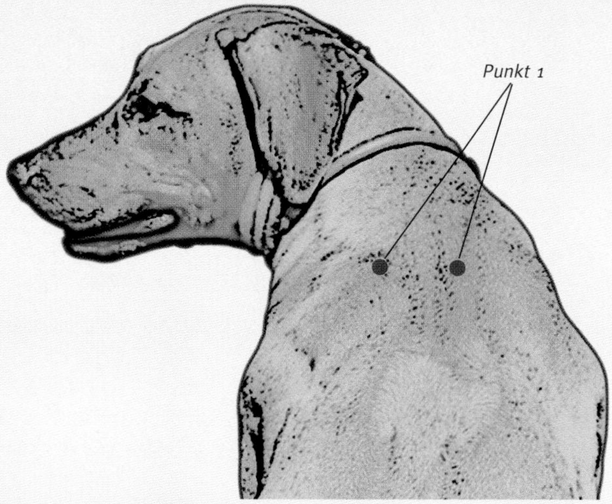

Diese beiden Notfallpunkte helfen auch bei einer Zerrung der Schulter oder bei Lahmheit in den Vorderbeinen.

den. Das alles ist ein sehr schmerzhafter Vorgang. Beim jungen Hund lassen die Schmerzen allerdings schnell nach.
Bei einem älteren Hund kann man den Akupressur-Punkt auch einsetzen, um ihn zu aktivieren. Sie werden sehen, dass er danach wieder besser laufen kann.

Die **Notfallpunkte** sind zwei parallel liegende Punkte am Hals – sie befinden sich am Halsansatz oberhalb der Schulterblätter, einen Finger breit bevor das Rückgrat beginnt. Bei vielen Hunden können Sie sich auch an der letzten Halsfalte, die zum Rücken hinfällt, orientieren, die Punkte liegen direkt unterhalb dieser Falte. Massieren Sie mit beiden Daumen von hinten nach vorne mit leichtem Druck. Sie können den Druck im Laufe der Zeit verstärken, so wie der Hund es verträgt. Sie massieren die Punkte je fünf Minuten morgens und abends, sollte die Zeit vorhanden sein, auch mittags, wenn möglich also dreimal am Tag. Diese Punkte sind auch anzuwenden als Langzeitbehandlung bei Schmerzen aller Gelenke und Rheuma.

Der Punkt für **Rheuma** und **Arthritis** liegt zwischen dem Oberschenkel- und dem Unterschenkelknochen auf dem Knie, genau in der Mitte des Gelenkes an der Außenseite der Hinterbeine. Massieren Sie diesen Punkt drei bis fünf Minuten dreimal täglich mit ganz leichtem Druck. Sie können den Druck leicht steigern, aber dieser Punkt ist sehr empfindlich, deshalb seien Sie bitte sehr vorsichtig, damit keine Verletzungen der Gelenke hervorgerufen werden. Die Massagezeit können Sie langsam bis auf zehn Minuten steigern, sobald die Gelenke abgeschwollen sind und die Entzündung abgeklungen ist. Richten Sie sich immer nach dem Schmerzempfinden Ihres Hundes und gehen Sie nie über die Schmerzgrenze hinaus! Jeder Hund wird Ihnen durch Mimik, Lautgebung oder Bewegung anzeigen, wann er die Behandlung als schmerzhaft empfindet.

Schulter

Schmerzen im Schultergelenk können durch sehr starke Belastung, zum Beispiel durch falsches Auftreten beim Springen, einen Unfall, eine Rauferei mit anderen Hunden oder durch allgemeine Verschleißerscheinungen ausgelöst sein. Es zeigt sich eine schmerzhafte Schwellung, die durch Bluterguss entsteht, Anschwellen des Gewebes oder auch Wasseransammlung im Gewebe (muss eventuell punktiert werden). Um Schmerzen zu vermeiden, nimmt der Hund eine (falsche) Stellung ein, um die Vorderbeine zu entlasten. Ein Schmerzzeichen ist auch das Lahmen mit den Vorderbeinen. Bei Degeneration ist oft nichts zu sehen, aber der Hund reagiert auf Druck mit Schmerzen. Da sich Beschwerden der Schultern auch auf den Rücken und die Hinterbeine auswirken können, sollten im Laufe der Behandlung auch die schon besprochenen Notfallpunkte mit behandelt werden.

Punkt 1: Der erste Punkt liegt über dem Schultergelenk genau in der Mitte, Sie fallen mit dem Finger in eine kleine Vertiefung zwischen Schulterblatt und Oberarm.

Punkt 2: Der zweite Punkt liegt genau über dem Schulterblatt in der Mitte. Wenn Sie sich vom Rücken her vortasten, fühlen Sie hier eine kleine Vertiefung.

Jeden Punkt massieren Sie circa 15 Sekunden, dreimal am Tag. Nach drei bis vier Tagen steigern Sie die Behandlung auf zweimal drei Minuten. Die abendliche Behandlung soll täglich gesteigert werden

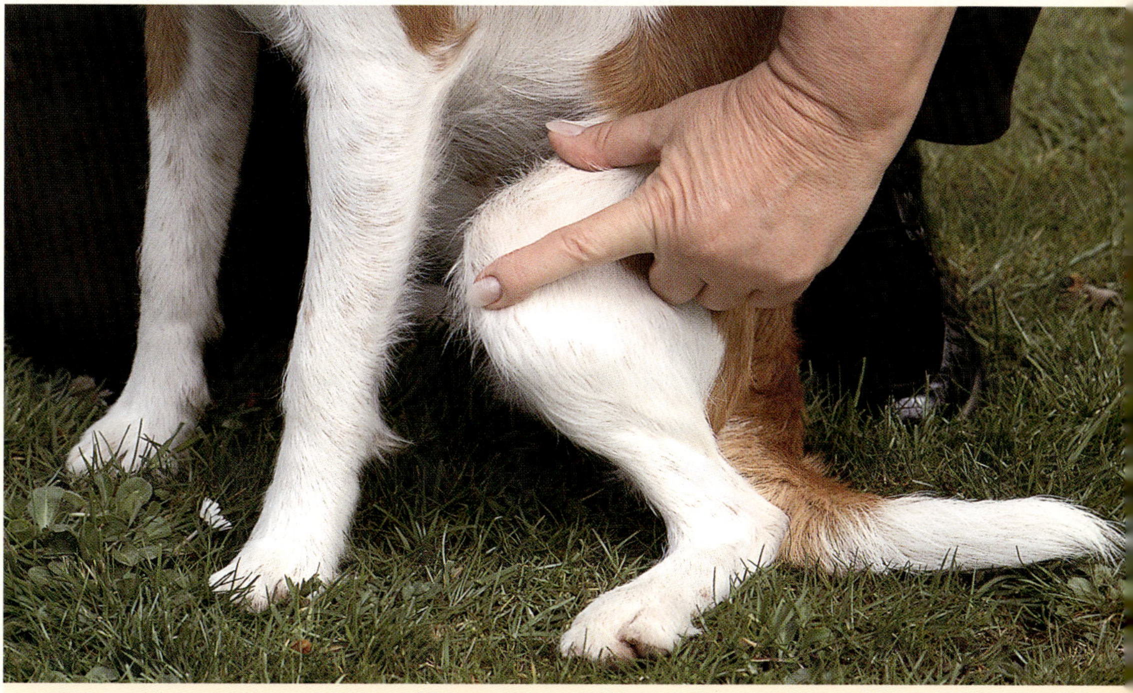

Bei akuten Beschwerden und Schmerzen ist dieser Akupressurpunkt eine sehr gute Hilfe. Aber bitte behandeln Sie ihn nicht länger, als die Beschwerden anhalten, sonst wird das Gelenk überreizt.

bis auf zehn Minuten. Massieren Sie zu Beginn nur ganz leicht an der Oberfläche und tasten sich mit zurückgehender Schwellung mit etwas verstärktem Druck in den Punkt hinein. Statt oben beschriebener Massage können Sie Ihrem Hund auch mit Akkupressur, wie folgt beschrieben, helfen: Sie arbeiten nur mit Druck drei bis vier Sekunden auf den oben genannten Punkten, lassen kurz los und wiederholen diesen Vorgang drei- bis viermal. Auch diese Behandlung sollten Sie drei- bis viermal am Tag anwenden.

Ellbogen

Das Ellenbogengelenk ist sehr empfindlich und durch seine Lage sehr anfällig gegen Stöße, Schläge und Verrenkungen. Hat er da Beschwerden, kann der Hund sehr schlecht auftreten, er lahmt mit den Vorderbeinen bis zur völligen Lahmheit. Auch hier sind oft andere Gelenke durch Überlastung in Mitleidenschaft gezogen. Wenn das Gelenk schon angeschwollen ist, dann müssen Sie sehr vorsichtig, fast ohne Druck, massieren.

Punkt 1: Dieser Punkt liegt genau in der Mitte beider Schultern auf dem Rücken. Sie fallen mit dem Finger in eine Vertiefung. Dieser Punkt nimmt die Schmerzen in den Vorderbeinen und die Knochenheilung (zum Beispiel bei Knochenbrüchen) wird angeregt.

Punkt 2: Dieser Punkt liegt an der Außenseite des Vorderbeines auf dem Ellbogen. Sie finden den Punkt am besten, wenn das Vorderbein angezogen ist, der Hund sich in liegender Position befindet. Fahren Sie mit dem Finger auf der Falte entlang bis zur Mitte des Ellbogens, dort

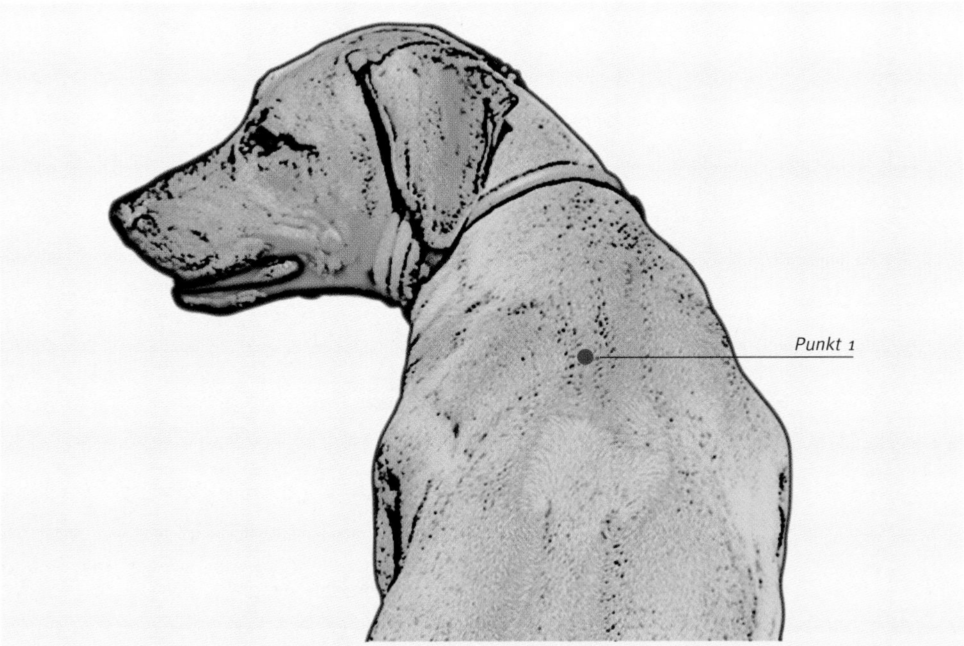

Der Ellbogenpunkt leistet auch zur Beruhigung gute Dienste.

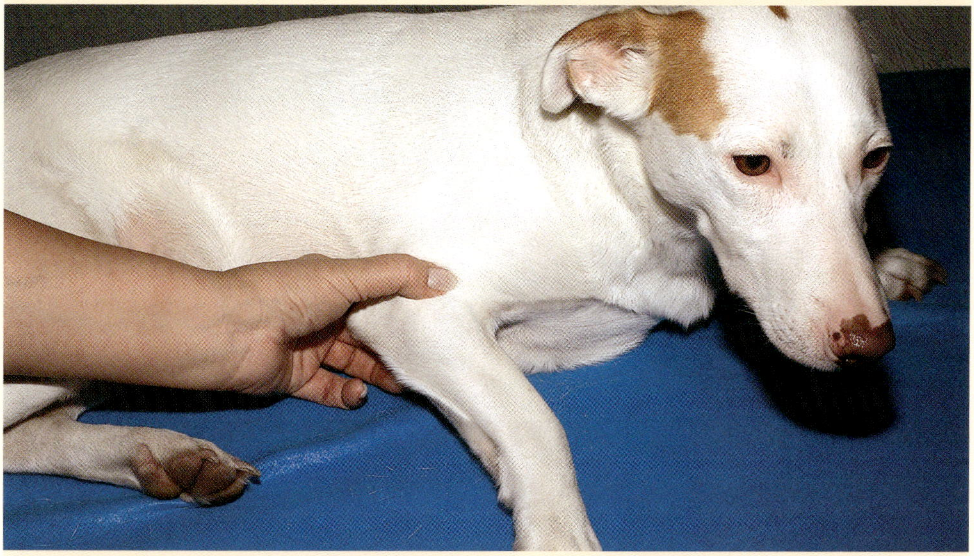

Es ist sehr wichtig, dass beim Ellbogengelenk beide Vorderbeine behandelt werden.

massieren Sie. In diesem Fall müssen beide Vorderbeine behandelt werden, auch wenn nur ein Bein krank ist.

Massieren Sie die Punkte morgens und abends je fünf Minuten, später erhöhen Sie die Zeit bis auf zehn Minuten bis zur völligen Schmerzfreiheit oder bis zur Heilung. Fangen Sie mit ganz leichtem Druck an und erhöhen ihn bei Besserung.

Behandlungen im Bereich der Handwurzel, Mittelhand, Zehen und Zehenglieder

Bei Schnittverletzungen oder Verletzungen an der Fußsohle können die folgend beschriebenen Punkte massiert werden.

Punkt 1: Dieser Punkt liegt an der Außenseite des Ellbogens. Wenn Sie mit der Hand über das Schulterblatt zum hinteren Teil des Ellbogens gleiten, fühlen Sie auch dort eine kleine Vertiefung.

Punkt 2: Dieser Punkt liegt direkt über der Außenseite des Vorderfußwurzelgelenks.

Punkt 3: Dieser Punkt liegt direkt über der Wolfskralle. Diese Punkte massieren Sie zuerst zwei Minuten und steigern bis auf fünf Minuten zweimal am Tag, bis keine Schmerzen mehr vorhanden sind.

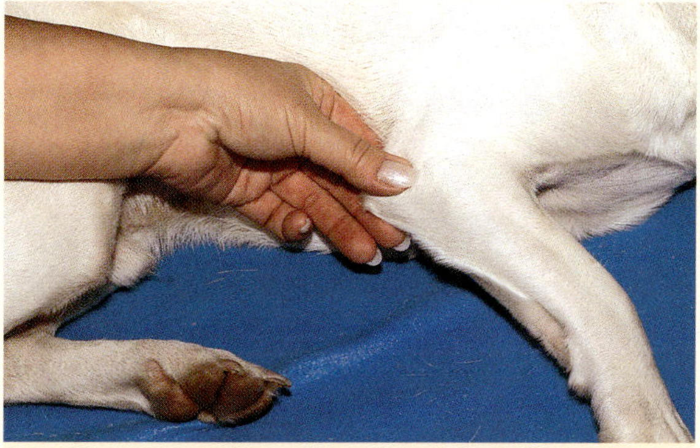

Dieser Punkt nimmt die Schmerzen und Blutungen werden schneller gestillt.

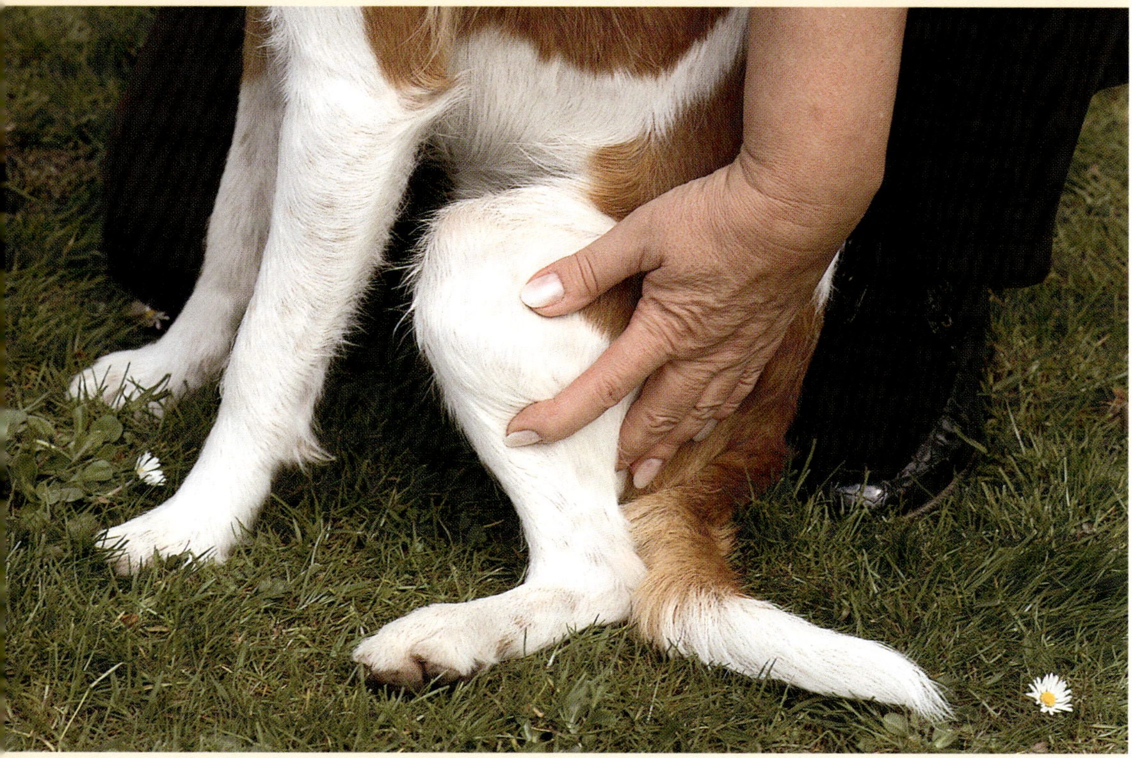

Zu den typischen Knieerkrankungen gehören neben unfallbedingten Verletzungen auch Arthrose und Arthritis sowie Verrenkungen und Ausrenkungen der Kniegelenke.

Knieerkrankungen

Das Knie ist ein sehr empfindliches Gelenk, da dort mehrere Knochen zusammenkommen. Man muss sehr vorsichtig damit umgehen, vor allen Dingen darf man beim Knie keinen festen Druck anwenden.

Von Knieerkrankungen sind sehr häufig kleine Hunde mit langen, dünnen Beinen betroffen.

Punkt 1: Dieser Punkt liegt an der Außenseite des Oberschenkels oberhalb der Kniescheibe.

Punkt 2: Dieser Punkt liegt zwischen Ober- und Unterschenkelknochen. Bei diesen Punkten massieren Sie zwei- bis dreimal am Tag zwei bis drei Minuten, erhöhen dann bis auf fünf Minuten, aber auf keinen Fall länger als das.

Sie massieren den ersten Punkt sehr vorsichtig mit vier Fingern (Zeige-, Mittel-, Ring- und kleinem Finger) im Uhrzeigersinn und nehmen den Daumen als Halt, ohne ihn zu bewegen.

Bei dem zweiten Punkt wird nur die Haut mit leichtem Druck verschoben, ohne den Knochen zu massieren.

Hüften

Die meisten Hüftprobleme sind eine Folge von Unfällen oder Ausrenkung. Die so genannte Hüftdysplasie (HD) ist eine Fehlentwicklung des Hüftgelenkes vor allem bei großen Hunden (zum Beispiel Schäferhund, Rottweiler), häufig ist sie auch angeboren, und damit ein Zuchtproblem. Leider kommt man ohne Operation oft nicht aus. Eine Behandlung folgender Punkte lindert die Schmerzen und verbessert die Beweglichkeit:

Punkt 1: Der wichtigste Punkt liegt genau in der oberen Wölbung des Hüftgelenkes.

Punkt 2: Dieser Punkt liegt in der Wölbung unterhalb des Hüftknochens in Richtung Körper.

Punkt 3: Er liegt genau in der Gelenkspalte zwischen Hüft- und Oberschenkelknochen.

Diese Punkte werden bis höchstens fünf Minuten massiert, bei Akupressur dauert der Fingerdruck circa zehn Sekunden.

Das Tier sollte zweimal am Tag behandelt werden.

Fuss

Der Fuß eines Hundes ist genau wie beim Menschen eine sehr vielschichtige Konstruktion von Knochen, Muskeln und Sehnen. Verletzungen entstehen hier durch Verstauchungen oder Zerrung der Bänder und Sehnen.

Der Punkt bei Beschwerden am Fuß liegt an der Außenseite des Fersenbeines schräg oberhalb des Knöchels. Diesen

Mit diesen Akupressurpunkten kann man auch den Degenerationsprozess hinauszögern und den Hunden eine Beweglichkeit bis ins hohe Alter ermöglichen.

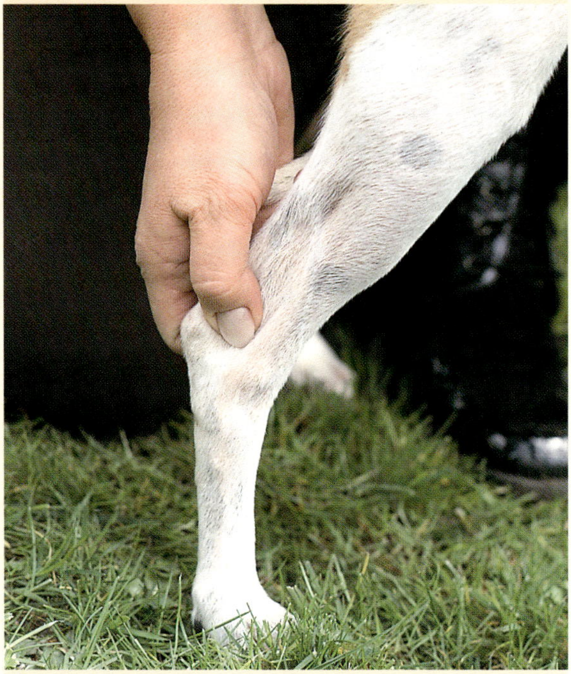

Der erste Punkt ist auch bei Ischias-Beschwerden hilfreich. Bitte hier beide Beine behandeln.

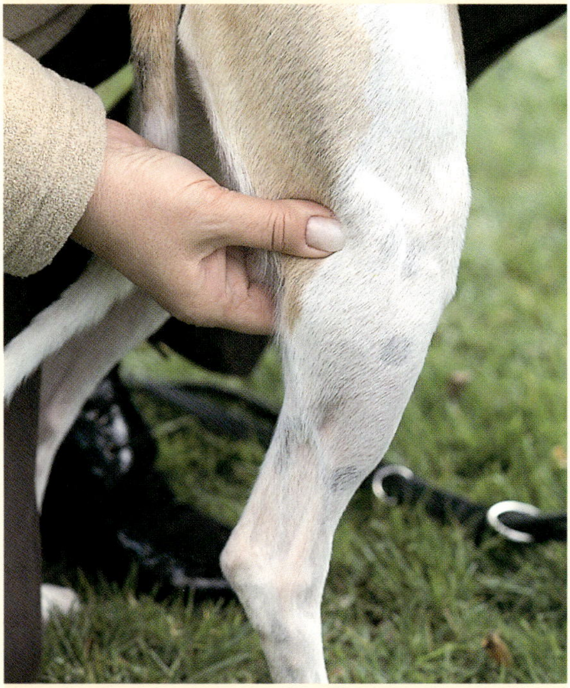

Auch bei Muskelverkrampfungen des Oberschenkels wenden Sie diesen Akupressurpunkt an.

Punkt massieren Sie so, dass es vom Hund nicht als schmerzhaft empfunden wird. Diese Massage kann vier- bis fünfmal am Tag erfolgen, zuerst zwei Minuten, dann täglich steigern bis zu fünf Minuten bis zur Wiederherstellung oder Schmerzfreiheit.

Ein Ersatzpunkt für den Fuß liegt am oberen Ende des Oberschenkelknochens an der Außenseite des Beines. Diesen Punkt drücken Sie jeden zweiten Tag zwei bis drei Sekunden vier- bis fünfmal hintereinander viermal am Tag.

Halswirbel

Gerade der Halswirbel muss sehr vorsichtig behandelt werden, da dem Hund jede Bewegung starke Schmerzen bereitet. Verletzungen entstehen durch Verrenkung, Arthritis, Unfall, Verschleißerscheinungen, Dackellähmung (bei Dackellähmung auch die Punkte unter „Wirbelsäule" anwenden).

Punkt 1: Dieser Punkt liegt hinter dem Kieferknochen auf beiden Seiten. Er bewirkt eine allgemeine Entspannung im Kopf- und Halsbereich.

Beide Seiten sollten gleichzeitig massiert werden; sollte dies nicht möglich sein, müssen Sie den Kopf des Hundes auf jeden Fall mit der anderen Hand halten.

Punkt 2 und 3: Diese beiden Punkte liegen dicht nebeneinander unterhalb des Kniegelenkes an der Rückseite der Vorderbeine. Sie liegen etwa einen Finger breit auseinander.

Massieren Sie diese Punkte zweimal am Tag fünf Minuten oder aktivieren Sie sie ebenfalls zweimal am Tag drei- bis viermal drei Sekunden.

Diese Punkte sind für Hunde angenehmer als der Griff an die Halswirbelsäule.

Wirbelsäule

Bei Hunden treten Wirbelsäulenerkrankungen vor allem bei sehr großen Rassen auf. Es kommt zu Schmerzen im ganzen Rückenbereich, hauptsächlich aber im Lendenbereich, Ischias-Schmerzen. Hunde mit einer lang gestreckten Körperform wie zum Beispiel der Dackel oder der Basset neigen zu „Wirbelverschiebungen". Hierbei kann eine Lähmung eintreten, die sich meistens im hinteren Bereich einstellt und bei der hauptsächlich die Hinterbeine betroffen sind. Vom Dackel, bei dem dieses Gesundheitsproblem lange verbreitet war, bekam diese Lähmung ihren Namen: Dackellähme. Durch die Lähmung kann auch das Wasser und der Stuhlgang oft nicht mehr kontrolliert werden. Die Halswirbelsäule kann ebenfalls betroffen sein. Verletzungen können durch einen Unfall, durch Springen oder eine Rauferei, oft aber auch einfach beim Treppensteigen hervorgerufen werden. Degenerative Erkrankungen treten vor allem bei älteren Hunden auf.

Punkt 1 und 2: Die beiden Punkte liegen rechts und links parallel neben der Wirbelsäule. Wenn Sie am Rücken entlang tasten, dann finden Sie die Punkte am dritten Wirbel vor dem Hüftgelenk auf beiden Seiten. Diese beiden Punkte werden gleichzeitig circa zwei bis drei Minuten dreimal am Tag massiert.

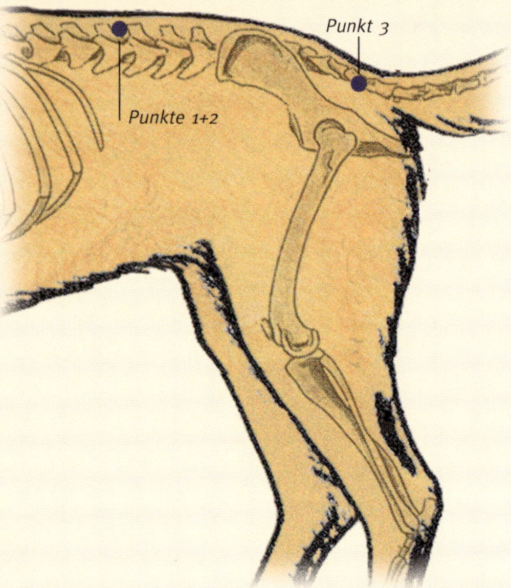

Die Punkte eins und zwei helfen auch, die Organe zu koordinieren und den Körper in Harmonie zu halten.

Erkrankungen des Geschlechts des Rüden

Penis

Während der Paarung oder durch Gewaltanwendung kann der Penis verletzt werden. Der Hund ist eines der Säugetiere, die im Penis einen Knochen haben, der auch – wie jeder Knochen – brechen kann. Der Rüde kann sich durch Stoß- und Schnittwunden so verletzen, dass Entzündungen entstehen können.

Punkt 1: Dieser Punkt liegt unterhalb des Afters zwischen After und Hoden. Diesen Punkt massieren Sie mehrmals am Tag circa drei Minuten.

Punkt 3: Dieser Punkt liegt circa zwei Finger breit oberhalb des Schwanzansatzes in der Mitte. Diesen Punkt massieren Sie zweimal fünf Minuten am Tag oder aktivieren ihn jeden zweiten Tag drei bis vier Sekunden durch Akupressur.

Hoden

Verletzungen, Hodenentzündungen und Prellungen können hervorgerufen werden durch Stacheldraht, Dornen, Gestrüpp, durch Infektionen der Harnwege oder durch allgemeine Infektionen. Bei gutarti-

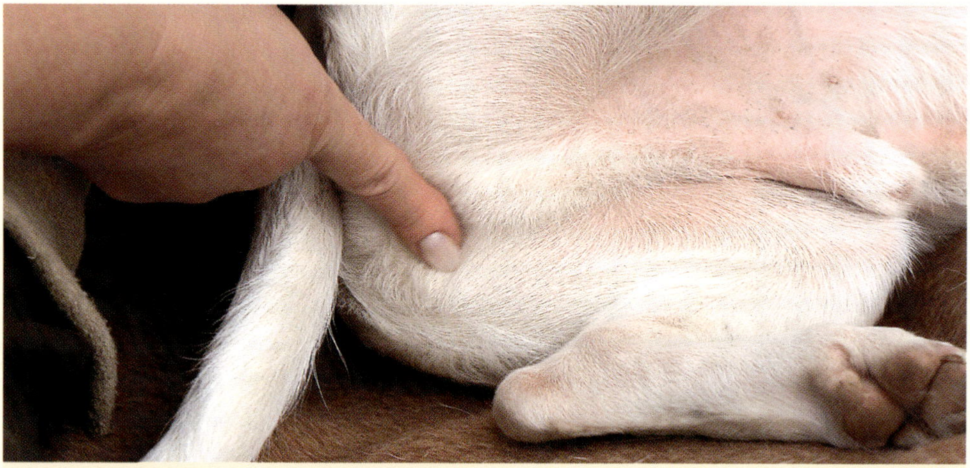

Der Akupressurpunkt bei einem kastrierten Rüden. Nicht kastrierte Rüden haben mitunter schon mal Einwände gegen eine Behandlung im Intimbereich.

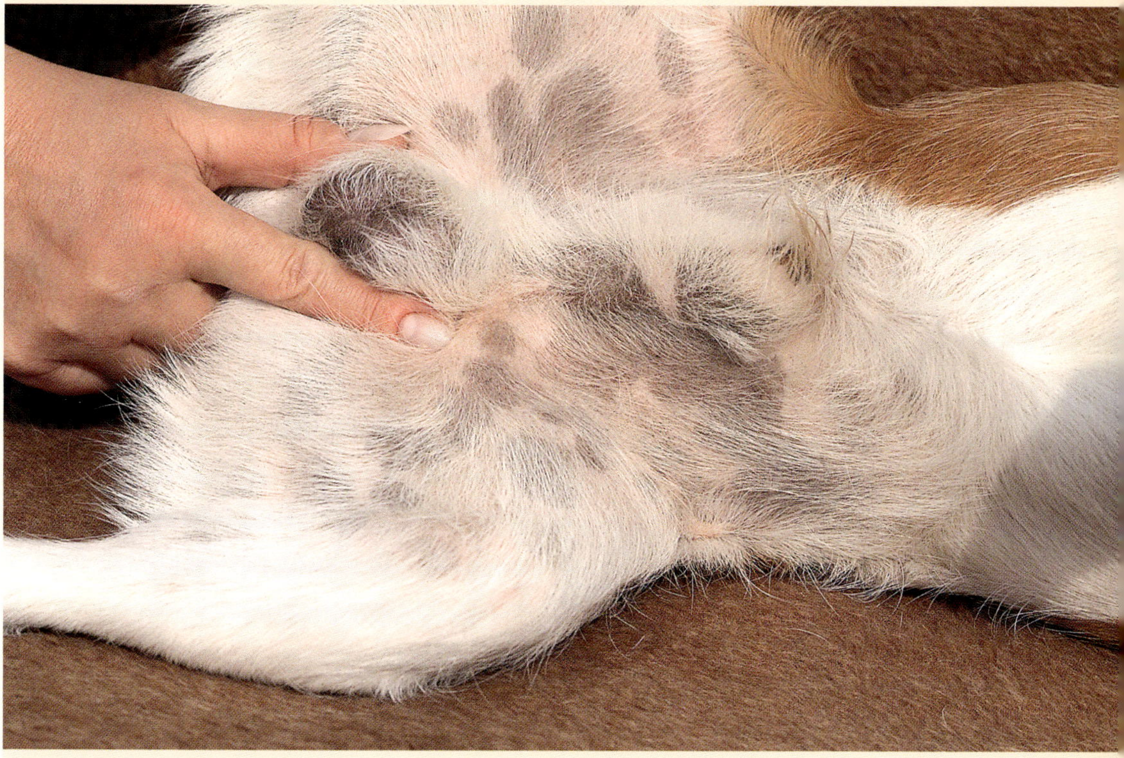

Bei Allergien und Ekzemen im Bereich des Hodens dienen diese zwei Punkte zur Beruhigung.

gen oder bösartigen Geschwulsten in den Hoden ist das Organ angeschwollen und heiß. Kastrierte Rüden bleiben von all dem verschont. Es ist deshalb zu überlegen, jeden Rüden, der nicht zur Zucht vorgesehen ist, kastrieren zu lassen.

Punkt 1 und 2: Es gibt zwei Punkte, die eine Besserung der Entzündung bewirken und nach circa 24 Stunden die Schwellung abklingen lassen. Diese Punkte liegen genau auf dem Schambeinknochen unter dem Bauch zu beiden Seiten des Penisansatzes. Sie müssen diese Massage wirklich drei- bis viermal am Tag bis zu zehn Minuten gleichzeitig an beiden Punkten durchführen.

Erkrankungen der Hündin an den Geschlechtsorganen

Die Hündin kann am Gesäuge, der Gebärmutter und der Scheide erkranken, möglich sind zum Beispiel Gebärmutterentzündung, Fibrome, Polypen sowie bösartige Geschwulste. Auch bei Hündinnen empfiehlt sich die Kastration, wenn nicht mit ihnen gezüchtet werden soll. Sie bleiben dann von etlichen Krankheiten verschont. Allerdings gibt es Hündinnen, die nach der Operation unter Harnträufeln leiden, was für Mensch und Tier auch nicht so angenehm ist.

Es gibt drei Punkte, die auf den gesamten weiblichen Geschlechtsapparat einwirken. Der erste Punkt bringt auch schnelle Hilfe bei Blutungen aus der Scheide. Die Blutung wird dann langsam zum Stillstand kommen. Das erleichtert auch die Untersuchung beim Tierarzt.

Punkt 1: Der erste Punkt liegt auf der Innenseite des Schienbeinknochens und über dem Fußwurzelgelenk. Sie fallen auch dort wieder mit dem Finger in eine kleine Vertiefung. Diesen Punkt massieren Sie mehrmals am Tage bis zu zehn Minuten auf beiden Seiten der Hinterbeine.

Punkt 2: Dieser Punkt liegt genau über dem Schwanzansatz in der Mitte des Rückens. Bei Hunden, die keinen kupierten Schwanz haben, können Sie auch noch das Schwanzende massieren. Dieser Punkt bewirkt einen allgemeinen Energieaustausch.

Punkt 2 wird dreimal circa fünf Minuten am Tag mit etwas Druck massiert, so wie der Hund es verträgt, bis die Beschwerden verschwunden sind. Akupressur wird jeweils ein bis zwei Sekunden dreimal hintereinander gedrückt, jeweils drei bis vier Minuten am Tage.

Erkrankungen der Scheide

Wenn eine Scheidenentzündung vorliegt, tritt ein eitriger, gelblicher Ausfluss aus der Scheide aus. Zusätzlich zur medikamentösen Behandlung durch den Tierarzt

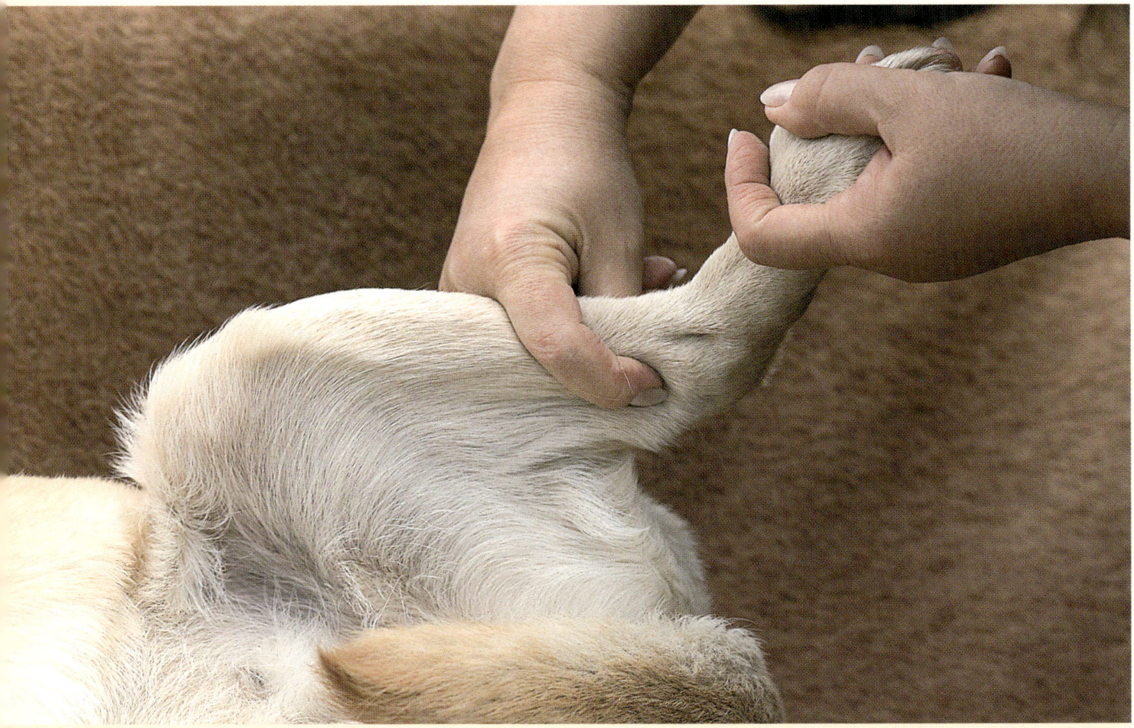

Dieser Akupressurpunkt wirkt stärkend auf den gesamten Geschlechtsapparat. Bei Blutungen wirkt er stillend und schmerzlindernd.

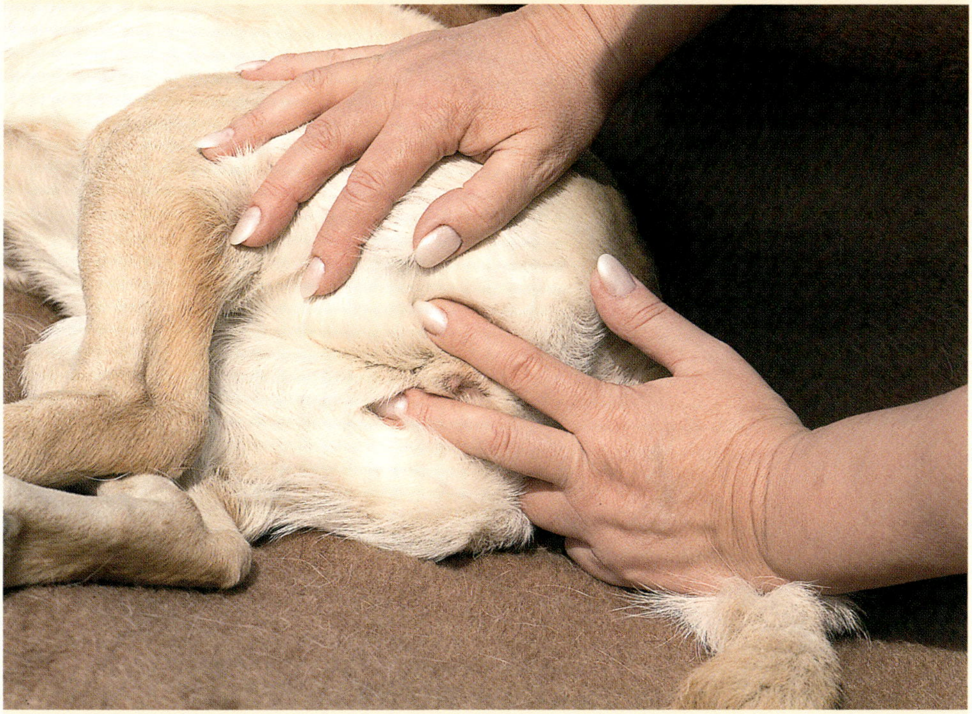

Arbeiten Sie nur mit leichtem Druck auf dem Schambeinknochen. Hündinnen sind dort sehr empfindlich.

kann man mit Punkt zwei eine gute Besserung erreichen. Bei alten Hündinnen kommt es auch oft zu einer Gebärmuttersenkung. Man kann dann die Gebärmutter sehen, da sie aus der Scheidenöffnung hervortritt. Hier wird eine Operation nicht zu vermeiden sein. Gerade bei Erkrankungen des Geschlechtsapparates bei Hündinnen sollte man überlegen, ob nicht ein operativer Eingriff unter Umständen besser ist, als eine lange Behandlungszeit.

Unabhängig davon gibt es drei Punkte, mit denen man einer Hündin große Erleichterung von Beschwerden verschaffen kann. Sie lindern die Schmerzen und wirken bei einer leichten Infektion auch entzündungshemmend.

Punkt 1: Dieser Punkt liegt auf der Innenseite des Oberschenkels hinter dem Oberschenkelknochen zwei bis drei Fingerbreit vor der Spalte des Kniebeines. Der Punkt bewirkt eine allgemeine Schmerzlinderung und die Entzündung kann günstig beeinflusst werden. Massieren Sie diesen Punkt des Öfteren mehrere Minuten lang. Akupressur: ein bis zwei Sekunden drei- bis viermal hintereinander drei- bis viermal am Tag.

Punkt 2 und 3: Die beiden Punkte liegen genau auf beiden Seiten des Schambeinknochens etwas schräg über der Scheidenöffnung. Diese beiden Punkte massieren Sie gleichzeitig, bis der Ausfluss nachlässt, fünf bis zehn Minuten, sooft Sie können bis zu sechsmal am Tag mit leichtem Druck.

Punkt 4: Der Punkt liegt genau zwischen den Augen in der Mitte. Er beruhigt die Hündin allgemein und kann somit bei allen möglichen Beschwerden eingesetzt werden. Drücken Sie diesen Punkt, wenn sie unruhig ist, mehrmals am Tag zwei bis drei Sekunden zwei- bis dreimal hintereinander.

Erkrankungen des Gesäuges

Wenn die Welpen zu fest und gierig saugen, kann es vorkommen, dass sich Entzündungen oder Abszesse am Gesäuge der Hündin bilden. Die Zitzen sind rot und geschwollen und die Hündin wird versuchen, ihren Jungen aus dem Weg zu gehen. Weil so ein Verhalten für eine Hündin ungewöhnlich ist, sollten Sie sofort kontrollieren, ob Entzündungen die Ursache sind. Die zweite Möglichkeit der Erkrankung sind Geschwulste am Gesäuge, durch die sich die Zitzen verformen können. In jedem Fall muss ein Tierarzt aufgesucht werden.

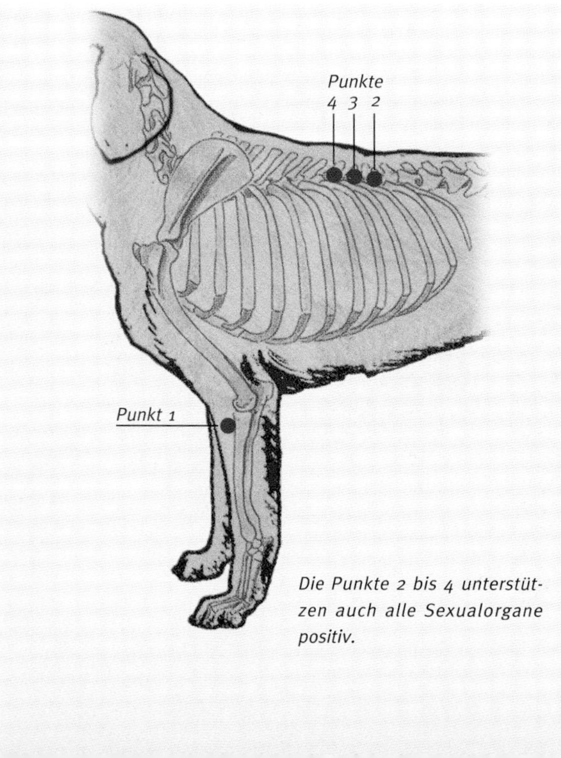

Die Punkte 2 bis 4 unterstützen auch alle Sexualorgane positiv.

Punkt 1: Den ersten Punkt finden Sie unter dem Ellbogen auf der Außenseite der Vorderbeine genau auf dem Muskel. Wenn der Hund liegt, sehen Sie eine Falte. Am Ende der Falte gleiten Sie mit dem Finger bis zur Mitte des Vorderbeines. Sie massieren diesen Punkt auf beiden Seiten der Vorderbeine zwei- bis dreimal am Tag bis zu zehn Minuten.

Punkt 2, 3 und 4: Es sind drei Punkte, die hintereinander aktiviert werden müssen, um die Widerstandskraft der säugenden Hündin zu stärken. Diese Punkte liegen genau rechts und links neben der Wirbelsäule. Der erste Punkt befindet sich oberhalb des letzten Rippenbogens in der Spalte des zweiten Wirbels. Den zweiten Punkt finden Sie, wenn Sie eine Wirbelspalte überschlagen und in die nächste Vertiefung mit dem Finger einsinken.

Den dritten Punkt finden Sie auf die gleiche Weise: von dem zweiten Punkt ausgehend wieder einen Wirbel überschlagen und dann dazwischen massieren. Diese drei Punkte werden hintereinander je eine Minute parallel mit dem gleichen Punkt auf der anderen Seite der Wirbelsäule massiert, zwei- bis dreimal am Tag.

Inkontinenz bei Hündin und Rüde

Inkontinenz kommt beim Rüden seltener vor als bei einer Hündin.

Punkt 1: Den ersten Punkt finden Sie auf der Wirbelsäule genau in der Mitte des letzten Wirbels.

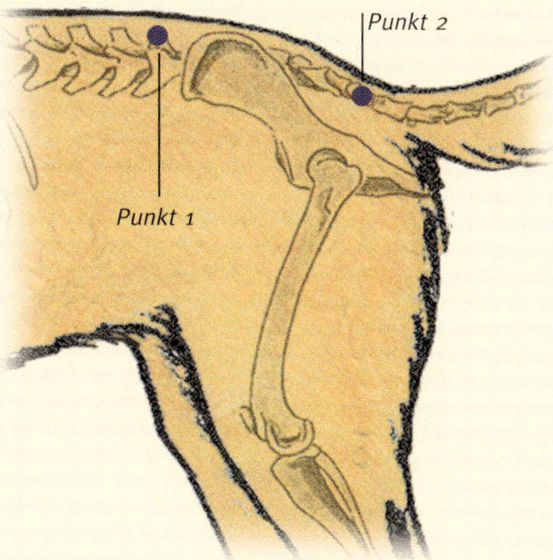

Diese Punkte wirken nicht nur bei Inkontinenz, sondern beeinflussen ebenso die Fortpflanzung positiv.

Punkt 2: Der zweite Punkt bei Inkontinenz liegt am Schwanzansatz. Beide Punkte massieren Sie nur mit leichtem Druck einige Male am Tag ein bis zwei Minuten. Den ersten Punkt nie zu fest, da er genau auf der Wirbelsäule liegt. Der zweite Punkt kann etwas fester massiert werden, hier fangen Sie mit leichtem Druck an und steigern von Tag zu Tag etwas den Druck, so wie Ihr Hund es verträgt. Sie können bei Inkontinenz auch zusätzlich die drei aufeinanderfolgenden Punkte massieren, die bei Erkrankungen des Gesäuges beschrieben wurden.

After

Ein Hund kann ähnliche Beschwerden an seinem Darmausgang bekommen wie ein Mensch – Risse, Abzesse, Hämorrhoiden. Es gibt allerdings eine Erkrankung, die allein dem Hund vorbehalten ist, und zwar die Analdrüsenentzündung. An beiden Seiten des Afters befindet sich eine Drüse, etwa so groß wie eine Erbse. Sie sondert ein übel riechendes Sekret ab. Aus verschiedenen Gründen entleert sich diese Drüse nicht, was zur Folge hat, dass sich

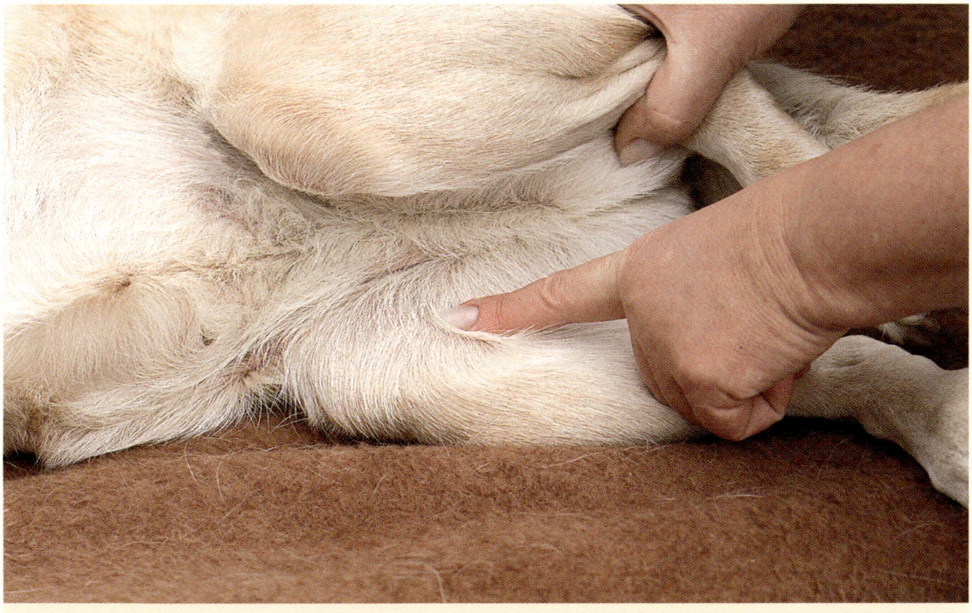

Sie ertasten an dieser Stelle eine Vertiefung.

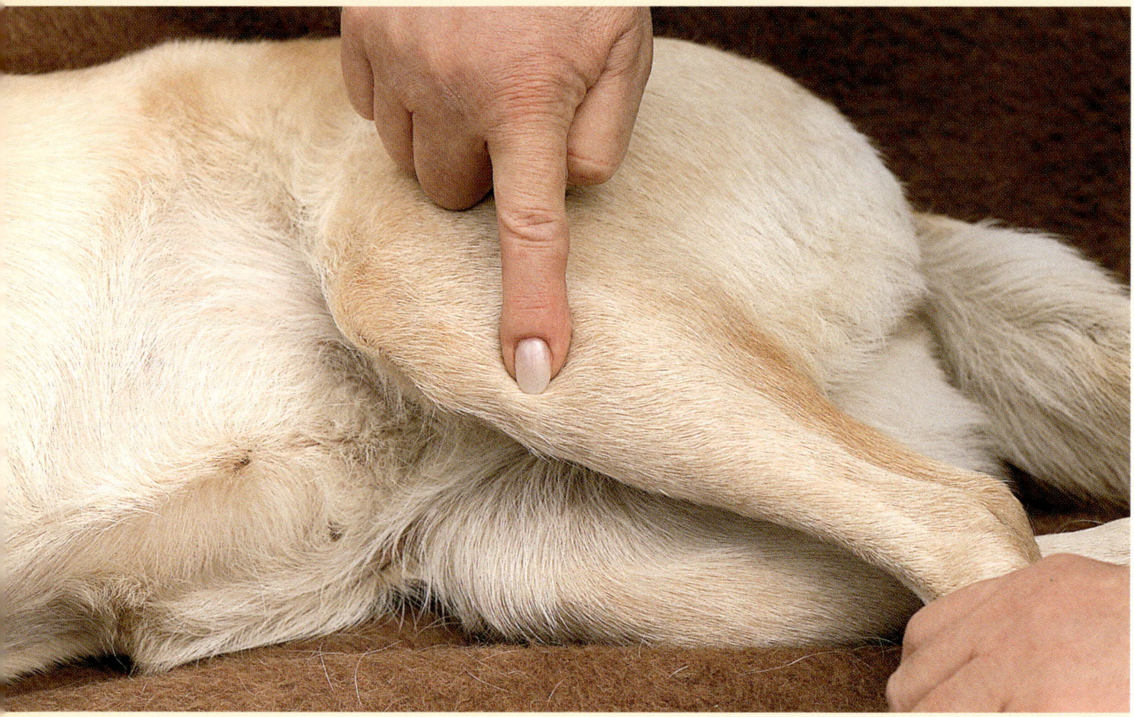

Suchen Sie den Punkt an der Stelle, direkt bevor der Muskel beginnt.

der Inhalt staut und verhärtet. Dadurch kann sich die ganze Analdrüse entzünden. Der Hund wird auf dem Hinterteil rutschen, was Schlittenfahren genannt wird. Er jault oft dabei und hat starke Schmerzen. Deshalb sollte man zur Vorbeugung ab und zu die Drüsen ausdrücken oder vom Tierarzt ausdrücken lassen. Aber gleichgültig, welche Ursachen für Beschwerden am After zuständig sind, gibt es auch hier Punkte, mit denen Sie Ihrem Hund helfen können.

Punkt 1 (und 2): Diese Punkte liegen an der Innenseite der Kniebeuge.

Punkt 3 (und 4): Sie befinden sich an der Vorderseite des Schienbeinknochens vor dem Wadenmuskel.

Alle Punkte massieren Sie von oben nach unten morgens und abends je fünf Minuten.

Durchfall

Bei Durchfall kann der Hund seinen Stuhlgang nicht kontrollieren. Was er von sich gibt, ist dann in der Regel schleimig bis flüssig, eventuell auch in der Farbe verändert von braun oder gelb bis grün.

Am gefährlichsten ist es, wenn sich Blut im Stuhlgang befindet, dann sollten Sie sofort den Arzt aufsuchen, ebenso, wenn sich der Durchfall über länger als einen Tag hinzieht.

Durchfall entsteht durch Infektionen, Vergiftungen, Galle-Leber-Störungen, Parasiten und durch Aufnahme von Fremdkörpern und vieles mehr.

Punkt 1 (und 2): Diese Punkte liegen auf der Außenseite des Hinterlaufes unterhalb des Kniegelenkes. Da diese Punkte je nach Größe des Hundes schwierig zu finden sind, massieren Sie den ganzen Oberschenkel. Massieren Sie so kräftig wie möglich fünf- bis sechsmal am Tag ein bis zwei Minuten.

Punkt 3: Dieser Punkt liegt genau am Schwanzansatz. Ein bis zwei Minuten zwei- bis dreimal am Tag massieren, bis die Beschwerden behoben sind.

Punkt 4: Er liegt zwei Wirbel vor dem Schwanzansatz. Auch diesen Punkte ein bis zwei Minuten zwei- bis dreimal am Tag massieren.

Erbrechen

Sie werden schon beobachtet haben, dass Ihr Hund sich bisweilen erbricht, oft auch, nachdem er Gras gefressen hat. Das ist nicht so schlimm, denn er hilft sich dadurch selbst bei Unpässlichkeit, wenn er nicht richtig verdauen kann oder etwas verschluckt hat. Gerade junge Hunde können öfter etwas verschlucken, was sie dann so schnell wie möglich wieder auszuwürgen versuchen. Bei einem wiederholten Erbrechen allerdings oder wenn Ihr Hund Futter oder sogar Flüssigkeit verweigert oder wenn er es nicht bei sich behält, dann sollten Sie sofort den Tierarzt aufsuchen. Durch den Flüssigkeitsverlust beim Erbrechen trocknet der Hund sehr schnell aus, das kann sogar lebensbedrohend sein.

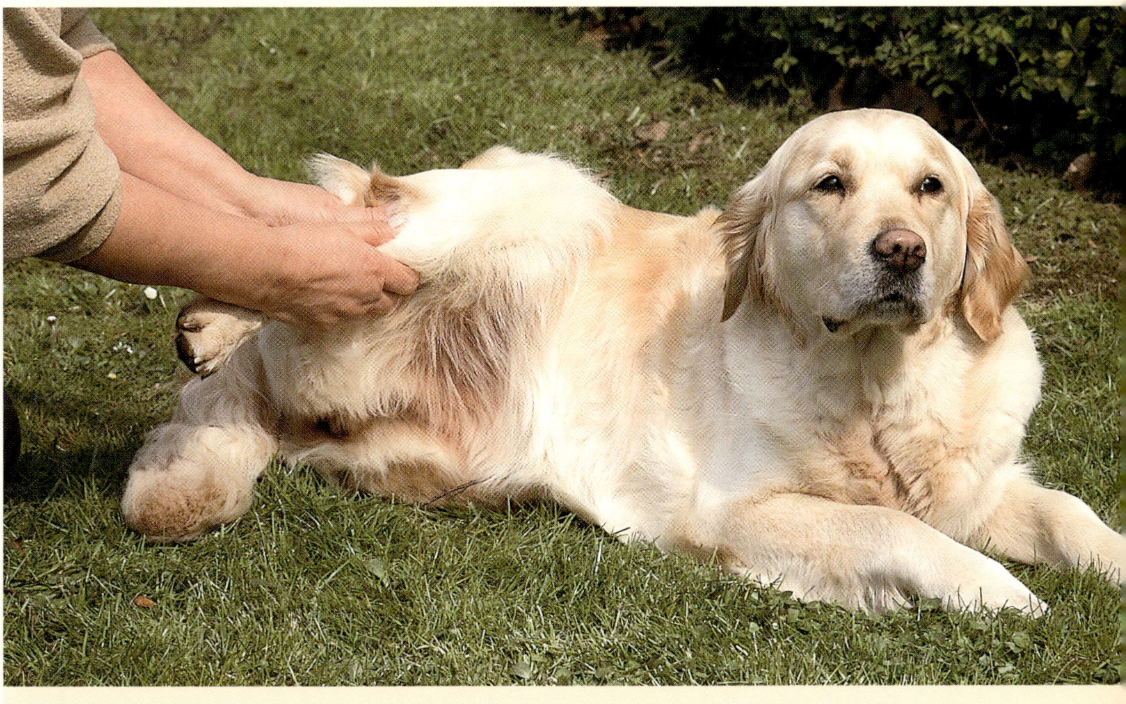

Dieser Griff hilft auch zur Entkrampfung und Beruhigung. Denken Sie bei Durchfall neben der Massage auch an den Ausgleich von Flüssigkeit und Mineralien.

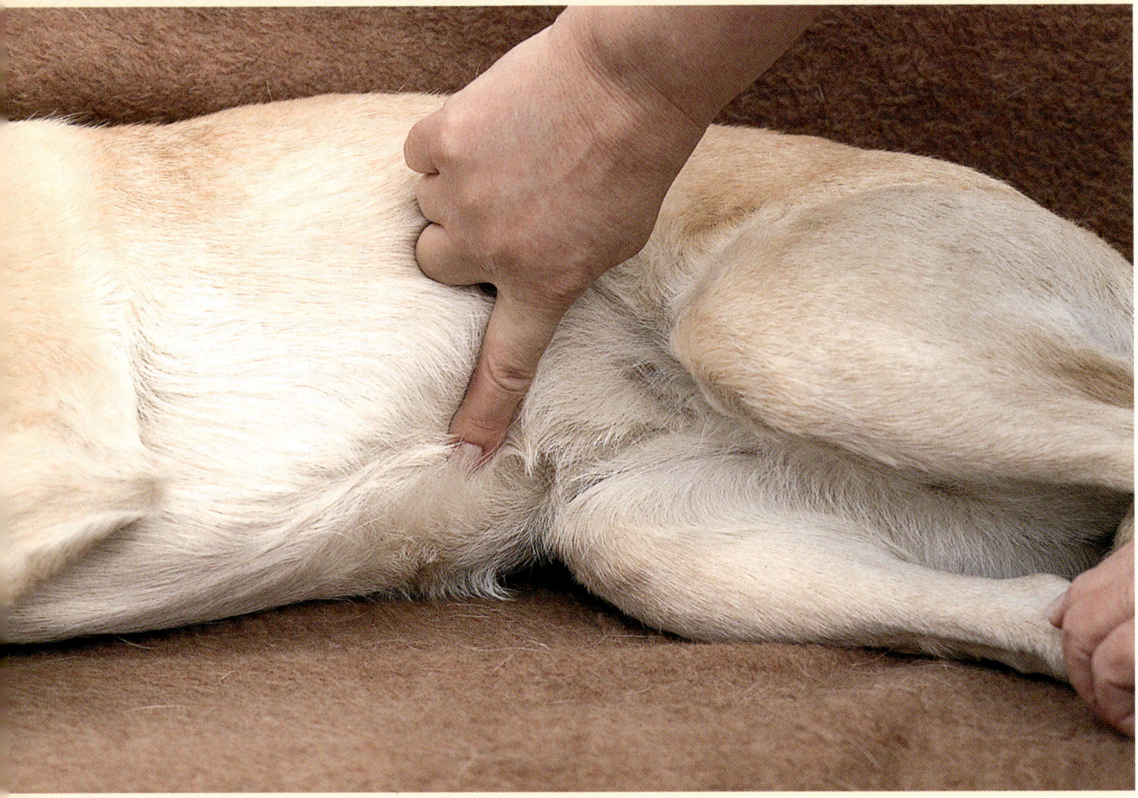

Suchen Sie die Mitte zwischen dem Ende des Brustbeins und dem Bauchnabel. Der Punkt liegt knapp unterhalb des Solar Plexus.

Punkt 1 (und 2): Diese Punkte befinden sich in der Mitte des Rückens auf beiden Seiten der Wirbelsäule. Massieren Sie gleichzeitig beide Seiten mit allen Fingern auf der Wirbelsäule entlang, so erreichen Sie alle Punkte und können sie nicht verfehlen.

Diese Punkte sind auch gut für die allgemeine Verdauung.

Punkt 3: Dieser Punkt liegt auf dem Bauch genau zwischen dem Brustkorb und dem Bauchnabel. Sie massieren ihn, bis das Erbrechen aufhört und der Hund wieder sein Fressen und vor allen Dingen die Flüssigkeit bei sich behält.

Hauterkrankungen

Juckreiz

Es gibt zwei Punkte, die bei jeder Form von Juckreiz angewandt werden können. Sie liegen parallel zueinander und müssen immer gleichzeitig massiert werden.

Da es eine ganze Reihe von Möglichkeiten gibt, die Juckreiz auslösen können, sei es durch Allergien, Nervenreizungen, Ekzeme, Krankheiten der Leber oder der Nieren und bei Entgiftungsstörungen, sind diese Punkte so wichtig.

Sie lindern den Juckreiz oder er hört sogar ganz auf.

Punkt 1 (und 2): Die Punkte liegen parallel zueinander neben der Wirbelsäule an der Verlängerung des Schulterblattes. Beide Punkte massieren Sie gleichzeitig so stark, wie es Ihr Hund verträgt. Diese Punkte sollten sehr intensiv drei- bis viermal am Tag bis zu zehn Minuten oder, wenn es Ihr Tier zulässt, noch länger massiert werden, bis der Hund aufhört, sich zu kratzen und sich beruhigt hat.

Ekzeme und Allergien

Bei Ekzemen und Allergien können die Haare des Hundes ausfallen, seine Haut kann rot, rissig und trocken sein und mit Wunden und Krusten bedeckt. Dieses Hautbild ist für den Hund verbunden mit Schmerzen und/oder starkem Juckreiz. Möglich sind auch rote Knötchen, die an Nesselfieber erinnern. Bei nässenden Ekzemen, können große, wunde Hautflächen

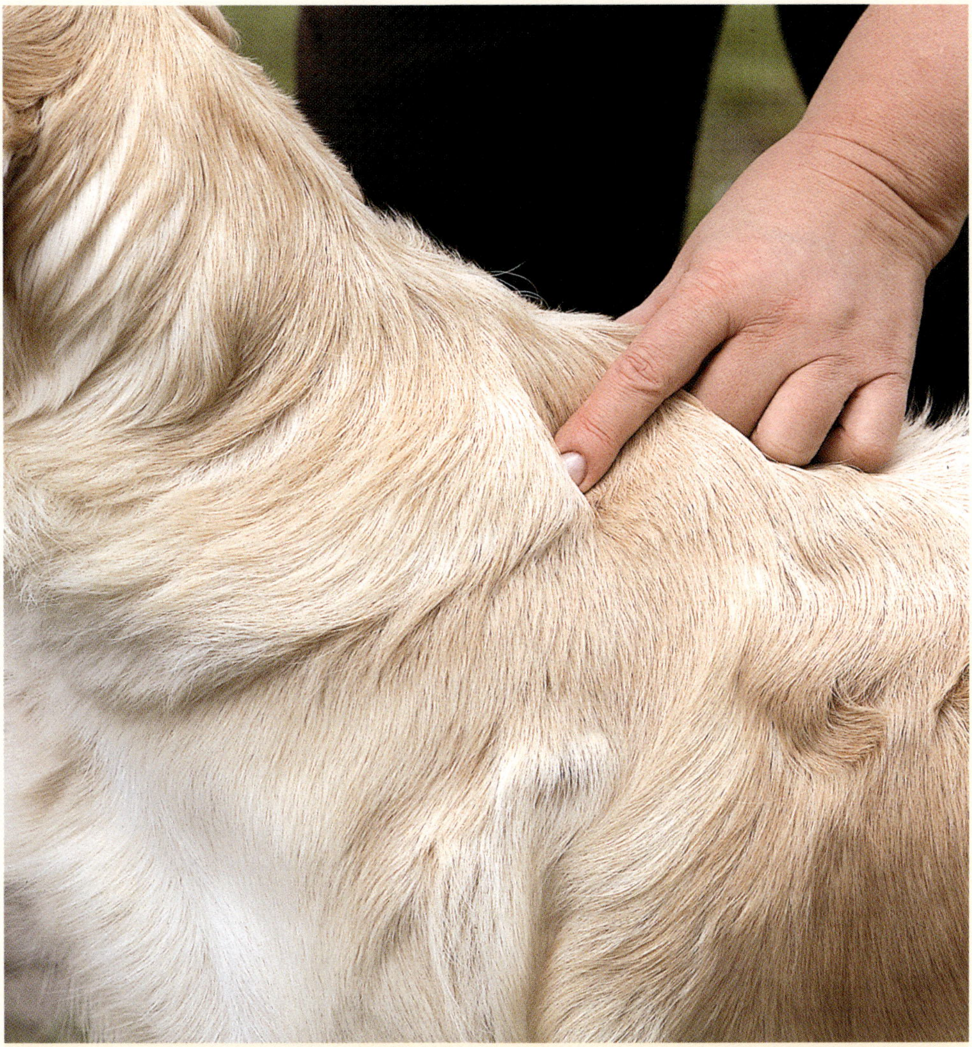

Gehen Sie am besten vom Schulterblatt aus mit Ihren Fingern nach oben bis neben die Wirbelsäule.

entstehen, aus denen ein übel riechendes, klebriges Sekret austritt. Der Hund kratzt und leckt, oft zerbeißt er auch die Stellen. Die Ursache liegt häufig in der Ernährung; auch über Kontakt mit bestimmten Stoffen wie Gewebe, Kunststoffe, Gräser und Pflanzen kann eine Krankheit ausgelöst werden. Ebenso können Läuse, Holzböcke, Erdmilben oder Flöhe dafür verantwortlich sein.

Punkt 1 (und 2): Die Punkte liegen auf beiden Seiten des Schulterblattes genau in dessen Mitte neben der Wirbelsäule. Sie tasten von der Wirbelsäule zum Schulterblatt und finden dort je eine Vertiefung. Diese Punkte sollten immer gleichzeitig parallel massiert werden.

Punkt 3 (und 4): Der dritte Punkt liegt auf beiden Seiten am Ende des Schulterblattes circa zwei Finger breit von der Wirbelsäule entfernt.

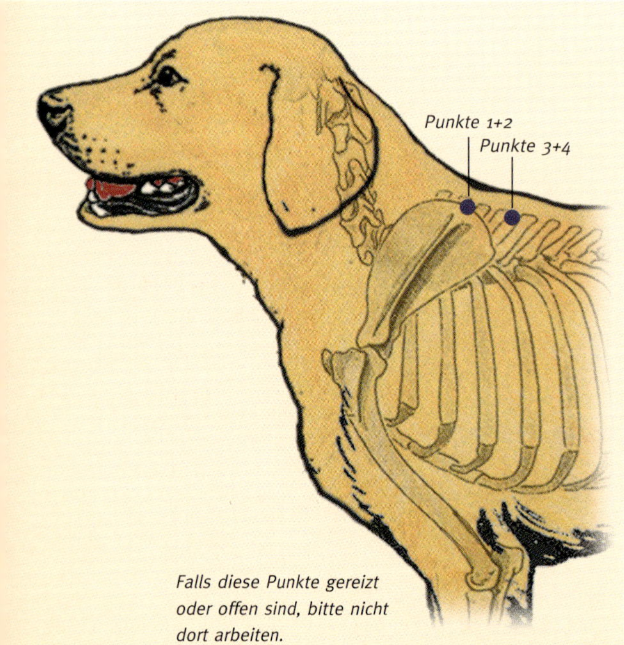

Falls diese Punkte gereizt oder offen sind, bitte nicht dort arbeiten.

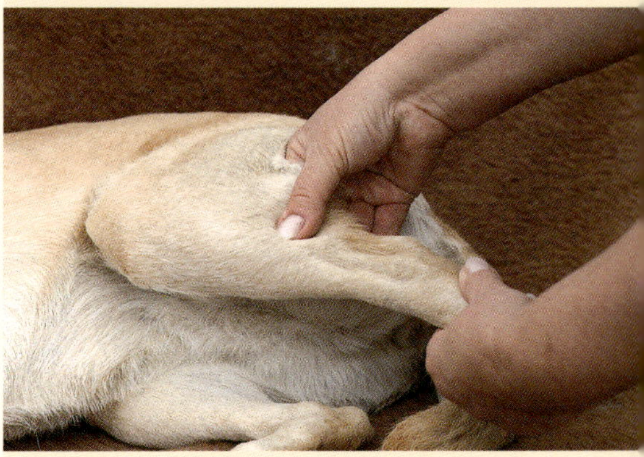

An dieser Stelle ist keine Muskelmasse, Sie greifen nur in die Hautlappen.

Punkt 5: Der Punkt liegt auf dem Hinterbein in der Mitte der Kniekehle. Dort ist, wenn Sie das Bein bewegen, eine Falte, und in dieser Falte massieren Sie. Diesen Punkt massieren Sie einige Male am Tag sehr intensiv. Damit lindern Sie den Juckreiz. Die Massage wird Ihrem Hund Erleichterung verschaffen, die Wunden werden sich zurückbilden oder auch ganz verheilen. Die Punkte 1 bis 5 müssen eine Minuten mehrmals am Tag nacheinander kräftig massiert werden. Sollten an diesen Stellen offene Wunden sein, dort bitte nicht massieren.

Punkt 6: Der Punkt befindet sich an der Innenseite des Oberschenkelknochens direkt in der Beuge. Diesen Punkt sollte man zwei- bis dreimal die Woche massieren, denn diese Behandlung stärkt das Immunsystem.

Ekzeme, die nur an vereinzelten Stellen auftreten, können in der Nähe der befallenen Stellen, circa einem halben bis einem Zentimeter von dem Ekzem entfernt, mit leichtem Druck massiert werden.

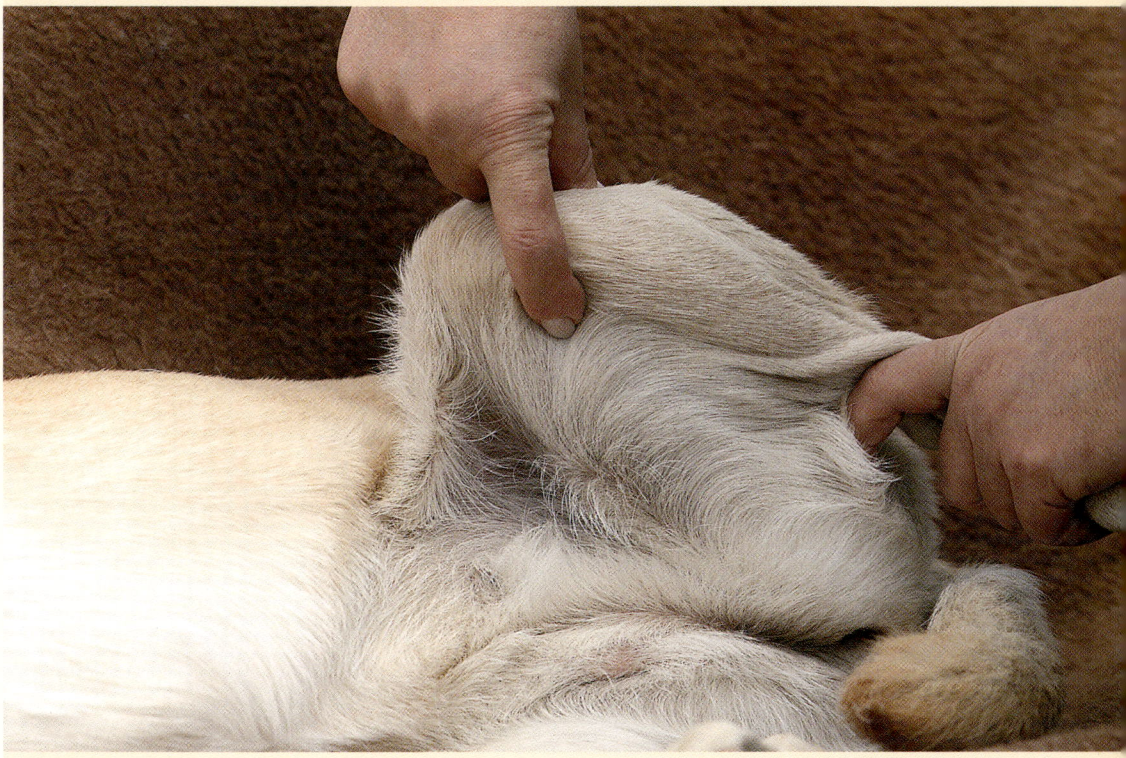

Sie rutschen mit Ihrem Finger in eine Vertiefung zwischen zwei Muskelsträngen.

Haarausfall

Zweimal im Jahr hat fast jeder Hund Haarausfall, das ist ein ganz normaler Vorgang. Auch im Alter oder nachdem die Hündin Junge hatte, können die Haare ausfallen und ebenso bei Allergien und Ekzemen. Andere mögliche Gründe können sein: Vitamin- und Mineralmangel, falsche Ernährung, Hormonstörungen, Leber- und Nierenerkrankungen.

Punkt 1: Es gibt einen Hauptpunkt, er liegt in der Mitte der Kniekehle auf den Hinterbeinen. Dieser Punkt sollte einige Male zwei bis drei Minuten am Tag massiert werden. Die Stärke des Druckes überlassen Sie Ihrem Hund.

Weitere Punkte, die auf jeden Fall mit massiert werden sollten, siehe Kapitel Reflexzonenmassage.

Immunsystem

Das Immunsystem hat die wichtigste Funktion im Körper jedes Lebewesens. Wenn dieses System geschwächt ist, wird der Körper viel anfälliger für Krankheiten. Ein gestärktes Immunsystem kann dagegen so manche Krankheit abwehren oder abschwächen. Deshalb ist bei allen Formen von Entzündungen, Erkältungen, Hautproblemen wie Ekzemen und Allergien oder schlecht heilenden Wunden eine

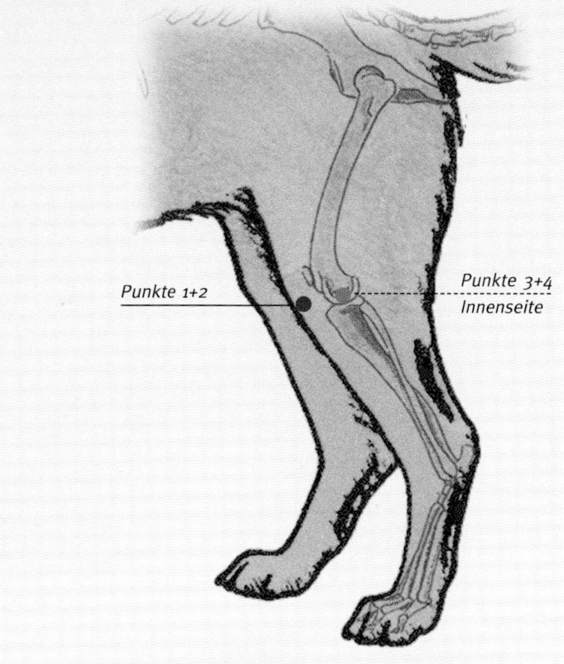

An der Kniescheibe bitte vorsichtig arbeiten.

Stärkung des Immunsystems sehr wichtig. Die Punkte zur Stimulierung des Immunsystems sind auch immens wichtig zum Vorbeugen von Krankheiten.

Punkt 1 (und 2): Die Punkte liegen unterhalb der Kniescheibe auf der Mitte der Vorderseite des Hinterbeines. Sie werden zweimal am Tag ein bis zwei Minuten massiert, wenn schon Beschwerden bestehen.

Punkt 3 (und 4): Sie liegen an der Innenseite der Hinterbeine am Ende des Oberschenkelknochens. Diese Punkte werden bei Immunschwäche und Allergien angewandt. Massage: zwei- bis dreimal am Tag bis zu fünf Minuten. Akupressur: zwei- bis dreimal am Tag ein bis zwei Sekunden fünfmal hintereinander so stark wie möglich drücken.

Stärkung des Immunsystems

Zur Stärkung des Immunsystems können Sie auch einen Punkt genau in der Mitte unter der Oberlippe auf dem Kieferknochen massieren.

Außerdem können Sie auch rechts und links der Wirbelsäule entlang massieren, sooft Sie daran denken. Flechten Sie diese Griffe und auch die Massage der Oberschenkel in Ihre täglichen Streicheleinheiten mit ein, so werden diese Punkte automatisch immer stimuliert, sie werden zur Routine und können nicht vergessen werden. Sie tun so sehr viel zur Vorbeugung und reagieren nicht erst auf Beschwerden.

Herz

Es gibt Hunde, die kommen schon mit einem Herzfehler zu Welt, andere entwickeln irgendwann einen. Sie können mit Hilfe von Medikamenten und zusätzlich auch Massagen bis ins Alter ganz normal leben. Je nach Art der Erkrankung reichen schon homöopathische Mittel aus.

Ein akut herzkranker Hund ist nicht belastbar, er kann keinerlei Anstrengung vertragen, hat Probleme mit dem Laufen, legt sich ständig hin, jeder kleine Spaziergang wird zur Qual. Er kann keine Treppen steigen, der Atem wird pfeifend, rauh und kurz. Jetzt ist schnelle Hilfe durch den Tierarzt notwendig!

Punkt 1 (und 2): Die wichtigsten Punkte liegen an den Vorderpfoten in der Mitte unter dem Ballen auf dem letzten Zeh. Das sind auch Notfallpunkte, neben der ersten Hilfe können Sie hiermit dem Hund auch das Leben retten. Sie massieren diese Punkte sehr kräftig, bis der Hund Besserung zeigt. Wenn möglich, sollten Sie diese Punkte auch während der Fahrt zum Tierarzt massieren.

Punkt 3: Der Punkt zur allgemeinen Stärkung des Herzens liegt auf der Mittellinie des Bauches zwischen der vorletzten und letzten Rippe. Er wird ab und zu leicht massiert.

Punkt 4 (und 5): Diese Punkte liegen auf beiden Seiten des Rückens hinter den Schulterblättern neben der Wirbelsäule. Da sie nicht leicht zu finden sind, massieren Sie mit allen Fingern mehrmals am Tag diese Punkte. Sie sind zum Vorbeugen und bei leichten Herzbeschwerden sehr nützlich. Sie stimulieren auch die Lunge, die ja bei Herzkrankheiten in Mitleidenschaft gezogen wird.

Angst

Bei Angst oder Unsicherheit kann man Akupressur anwenden, doch gerade bei Angst wirken die Reflexzonenmassage und auch der TTouch mit größerem Erfolg.

Angst und Unsicherheit hat viele Ursachen – Sie sollten versuchen, diesen auf den Grund zu gehen, um eventuell von außen einwirkende Einflüsse abzustellen. Bei der Akupressur kommen zwei Punkte in Frage, sie liegen am Schwanz des Hundes.

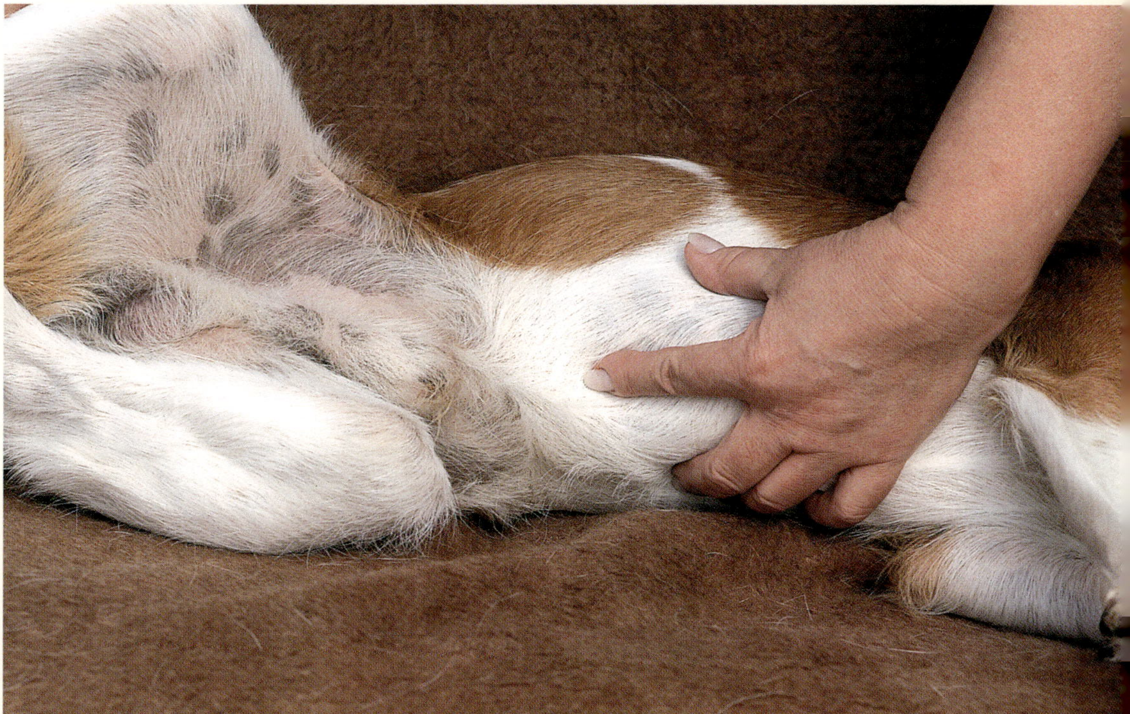

Hunde lieben es, auf dem Bauch gestreichelt zu werden. Bei dieser Gelegenheit können Sie gleichzeitig das Herz Ihres Hundes stärken.

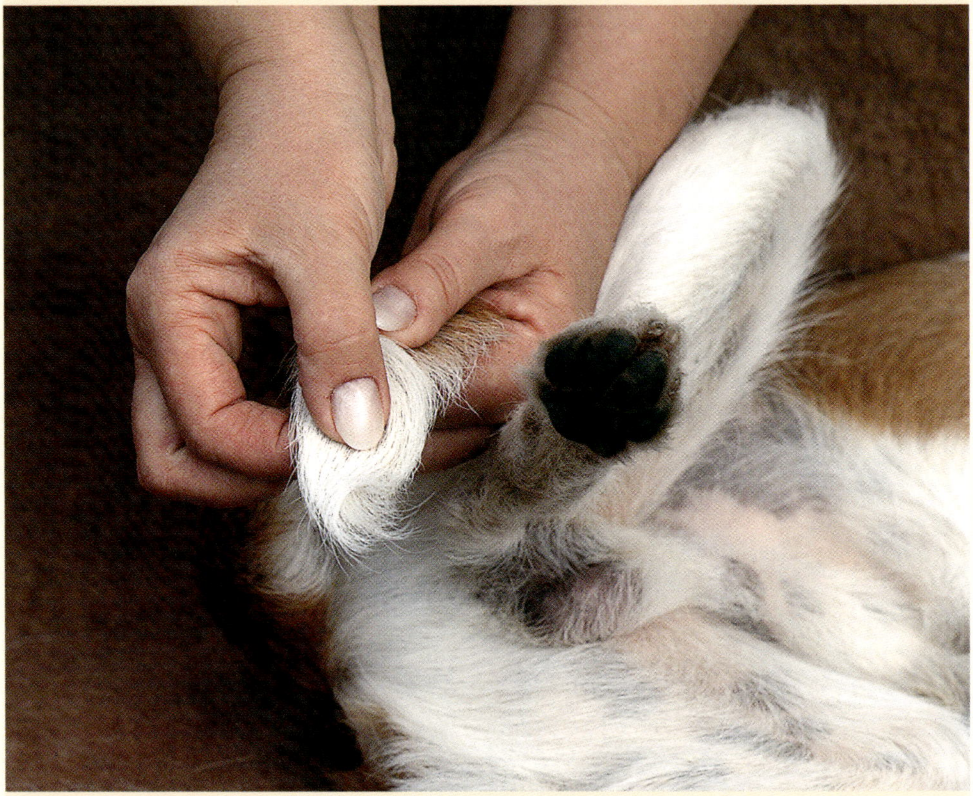

Der Schwanz ist ein außerordentlich wichtiges Kommunikationsmittel der Körpersprache bei Artgenossen. Er dient gleichzeitig aber auch dem physischen Gleichgewicht in der Bewegung. An seiner Spitze laufen sehr viele Nerven zusammen.

Punkt 1: Der Punkt liegt auf dem Rücken am Schwanzansatz.

Punkt 2: Er liegt an der Schwanzspitze. Massieren Sie diese Punkte des Öfteren, Sie gleichen damit das Seelenleben Ihres Hundes aus.

Punkt 3: Ein Punkt liegt genau in der Mitte des Kopfes zwischen den Augen. Dieser Punkt wirkt beruhigend. Drücken Sie ihn bei Bedarf.

Punkt 4 (und 5): Folgender Griff wirkt sofort beruhigend: Sie legen Ihre Hand von hinten auf den Kopf des Hundes, bitte ohne hastige Bewegungen. Dort drücken

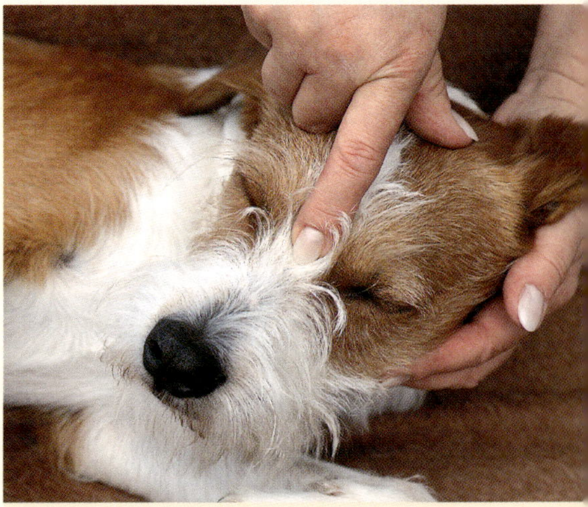

Dieser Punkt wird auch gerne als das sogenannte dritte Auge bezeichnet.

Sie mit Ihrem Zeige- und Mittelfinger ganz leicht auf folgende Punkte: Sie liegen auf beiden Seiten zwischen den Augenwinkeln und dem Nasenrücken. Diese beiden Punkte müssen gleichzeitig mit einem leichten Druck massiert werden. Die Hand muss wie eine Feder auf dem Kopf des Hundes aufliegen, nur die Finger üben einen ganz leichten Druck aus.

Aggressivität

Wenn ein Hund aggressives Verhalten zeigt, sollten Sie auf jeden Fall die Ursachen abklären. Oft genug muss dann auch das eigene Verhalten geändert werden. Trotzdem gibt es Akupressur-Punkte, die eine Veränderung des aggressiven Verhaltens bewirken, es kann einige Tage oder

Bestimmt sind Ihnen diese zwei Punkte sehr vertraut, da Sie sich auch schon selber automatisch bei Anspannungen des Kopfes Ihre Nasenwurzel umfasst haben.

Wochen dauern, aber meistens brauchen Sie sich dafür nicht von Ihrem Hund trennen. Ich selbst arbeite bei Verhaltensstörung immer mit einer kombinierten Behandlung, bestehend aus Akupressur und Reflexzonenmassage in Verbindung mit TTouch.

Punkt 1 (und 2): Diese Punkte liegen auf der Innenseite des Schienbeines zwei Finger breit über dem Fußwurzelgelenk. Diese Punkte müssen regelmäßig jeden Tag morgens und abends je fünf Minuten massiert werden – so kräftig, wie es Ihr Hund verträgt.

Krämpfe

Krämpfe, eventuell noch zusätzlich mit einem starken Zittern verbunden, können die unterschiedlichsten Ursachen haben, von Epilepsie bis zu einer Infektion.

Die korrekte Ursache muss auf jeden Fall vom Tierarzt abgeklärt werden.

Punkt 1: Dieser Punkt liegt an der Innenseite der Vorderbeine hinter der Fessel.

Punkt 2: Der zweite Punkt liegt auf dem Kopf genau in der Mitte zwischen den Ohransätzen.

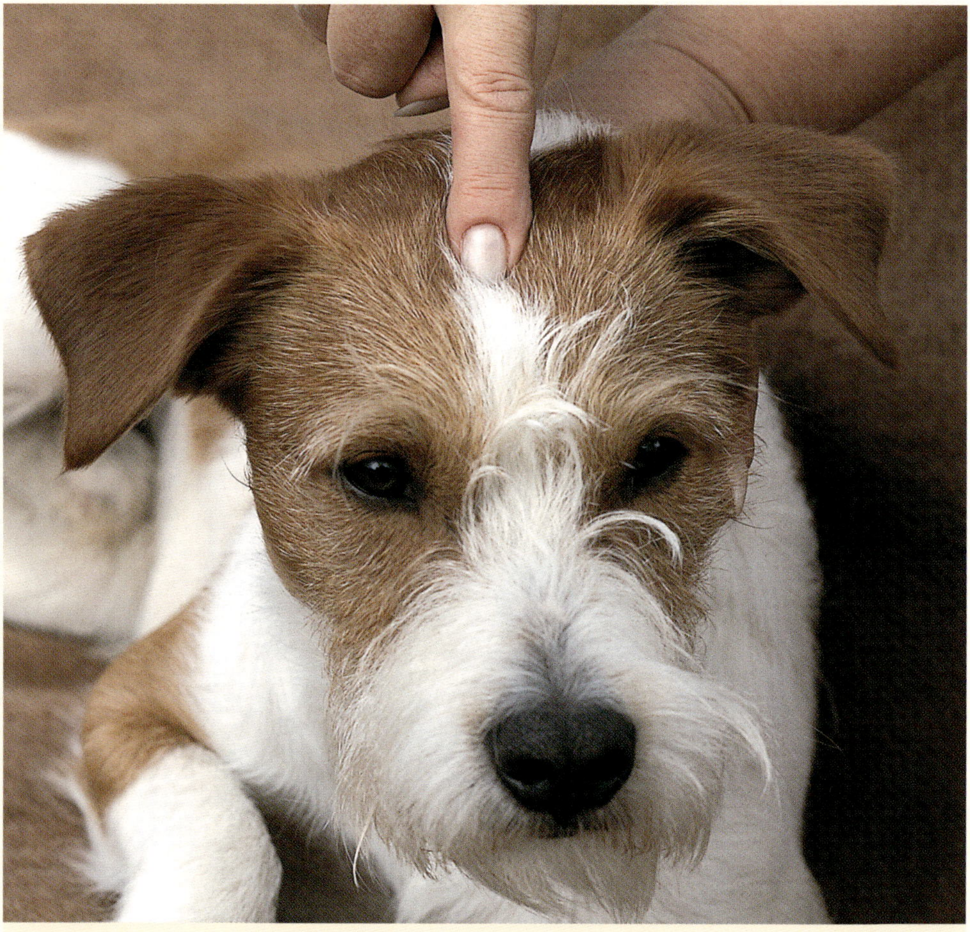

Denken Sie sich eine Linie zwischen den zwei Ohransätzen und setzen Sie Ihren Finger genau in die Mitte.

Punkt 3: Dieser Punkt liegt genau in der Mitte am Ende des Kopfes am Schädelrand.

Punkt 1 massieren Sie dreimal am Tag zwei bis drei Minuten, fangen mit leichtem Druck an und steigern den Druck von Tag zu Tag, so wie es für das Tier angenehm ist. Die Punkte 2 und 3 werden bei einem Anfall sofort kräftig massiert, und zwar so lange, bis die Krämpfe nachlassen, Ihr Hund ruhig wird und sich wieder normal verhält oder sogar einschläft. Mit etwas Übung können Sie diese Punkte gleichzeitig massieren, die Wirkung tritt dann wesentlich schneller ein. Denken Sie aber bitte auch an den Selbstschutz: Falls der krampfende Hund um sich beißt, unterlassen Sie eine Akupressur.

Augen

Die Augen eines Hundes sind sehr anfällig für Infektionen und Verletzungen. Erkrankungen wie grüner Star, grauer Star, Verletzungen und Störungen der Netzhaut können auch bis zur Erblindung führen. Zur Unterstützung der tierärztlichen Behandlung gibt es Akupressur-Punkte, die

Sie fühlen mit Ihrem Finger an den Schädelrand des Hinterkopfes bis in die Vertiefung hinein.

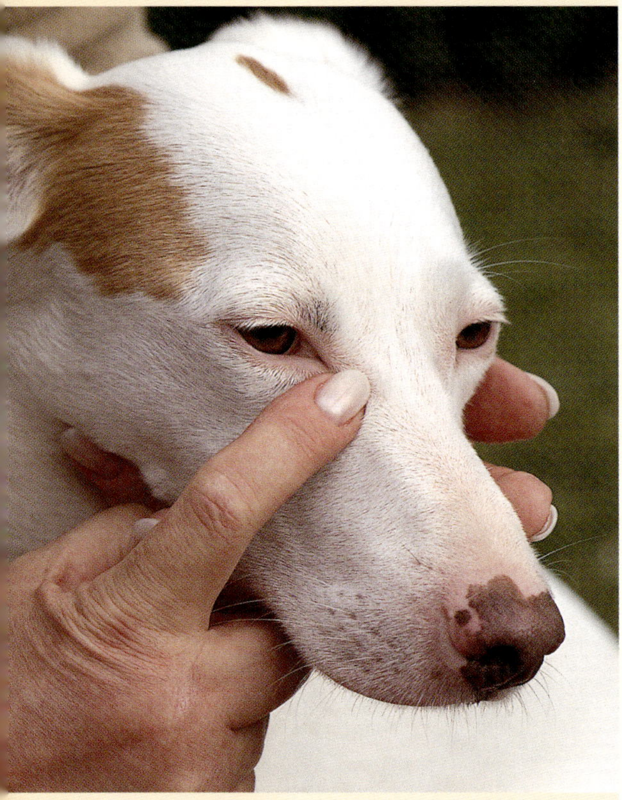

Gehen Sie sehr langsam und behutsam an den Augen vor, damit nicht durch Abrutschen der Finger Verletzungen am Auge passieren können.

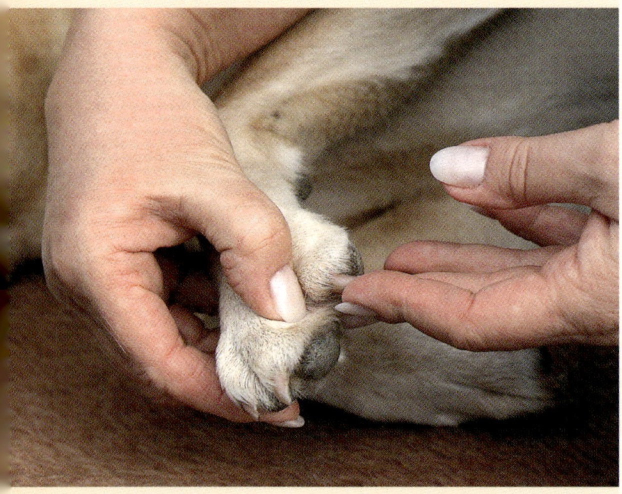

Diese Punkte sind nicht einfach zu finden. Sie liegen nicht genau in der Mitte in der Falte zwischen den zwei Zehen, sondern jeweils rechts und links daneben.

eine rasche Besserung bewirken und dem Hund Erleichterung verschaffen können. Ich selbst bearbeite inzwischen alle Punkte bei Augenleiden, gleichgültig welcher Art. Aber es werden hier die einzelnen Punkte besprochen und Sie können sich die geeigneten Punkte heraussuchen. Bei Bindehautentzündung, Erkrankung des Tränenkanals und der Netzhaut liegen die Punkte gleich.

Punkt 1 (und 2): Diese Punkte liegen im Inneren des Augenwinkels. Diese Punkte dürfen Sie nur ganz leicht stimulieren, und zwar zwei- bis dreimal am Tag ein bis zwei Minuten.

Punkt 3 (und 4): Diese Punkte finden Sie zwischen den zwei äußeren Zehen jeweils an den Gliedern. Diese Punkte können etwas kräftiger massiert werden. Alle Punkte zusammen bewirken eine Schmerzlinderung und einen schnellen Rückgang der Entzündung.

Hornhauttrübung, Hornhautentzündung

Eine Entzündung der Hornhaut ist sehr gefährlich, denn sie kann zu einer Vereiterung führen, die Narben hinterlassen kann, welche die Sehkraft einschränken. Außerdem sind diese Erkrankungen sehr schmerzhaft für den Hund. Hier wird Punkt 1 (und 2) der Bindehautbeschreibung eingesetzt, zusätzlich aber noch die folgenden Punkte:

Punkt 1 (und 2): Diese Punkte befinden sich genau in der Mitte über den Ohren auf dem Kopf.

Punkt 3 (und 4): Sie liegen genau in der Mitte mit etwas Abstand über dem Augenhöhlenrand.

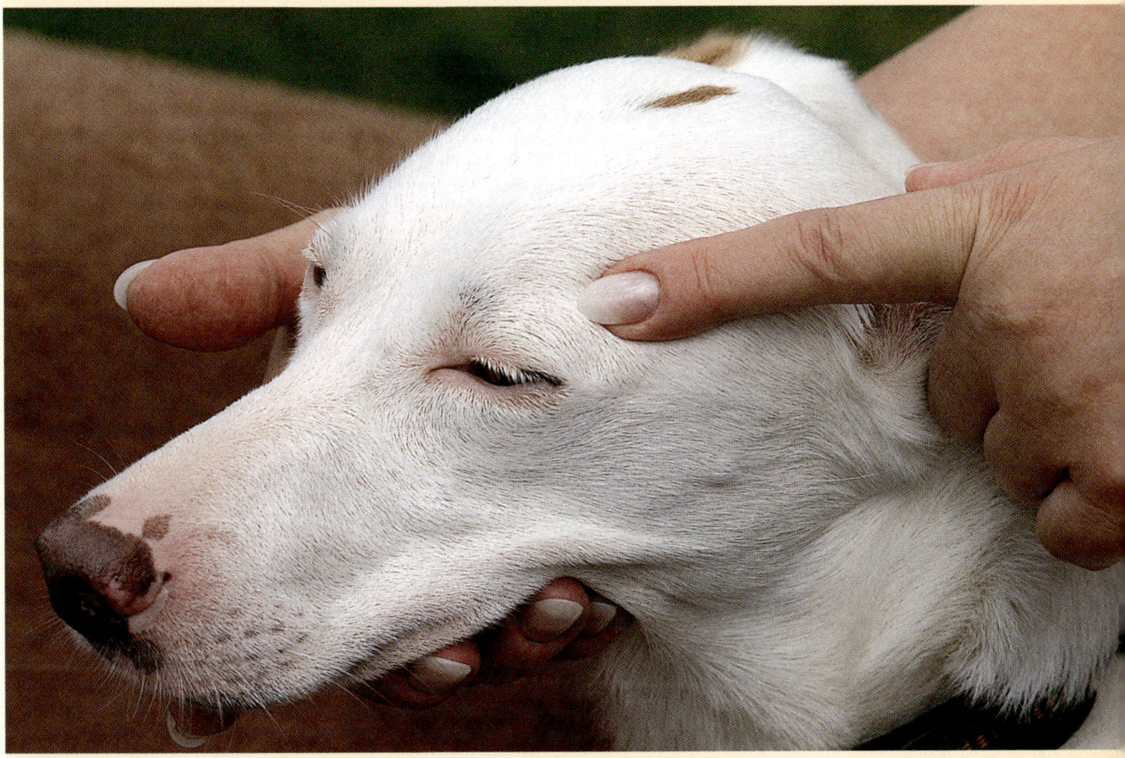

Sie fühlen am Augenhöhlenrand eine Einbuchtung im Knochen. Drücken Sie gegen den Knochen und nicht auf den Augapfel.

Die Punkte 1 bis 4 müssen dreimal täglich bis zu fünf Minuten massiert werden. Diese Punkte sollten Sie so kräftig massieren, wie Ihr Hund es zulässt. Sie können den Druck von Tag zu Tag etwas steigern. Durch die regelmäßige Massage dieser Punkte können Sie dazu beitragen, dass sich die Hornhautflecken nicht bilden oder nicht so groß werden.

Grauer Star

Diese Krankheit führt zu einer Eintrübung der Kristalllinse, die deutlich hinter der Pupille sichtbar ist. In der Linse bildet sich ein milchiger Fleck. Diese Trübung schreitet immer weiter fort bis zur Erblindung des Hundes. Er wird dann auch in seinem Verhalten sehr unsicher, stößt zum Beispiel an Gegenstände an.

Sie sollten so früh wie möglich mit dem Tierarzt sprechen, dann heute gibt es die Möglichkeit einer Operation, durch die der Hund kann wieder seine normale Sehfähigkeit zurückerlangen kann. Die Trübung der Linse kann man hinauszögern, wenn man regelmäßig, aber ganz leicht jeden Tag morgens und abends folgenden Punkt circa zwei bis drei Minuten lang stimuliert.

Punkt 1: Dieser Punkt liegt genau in der Mitte der Stirn zwischen den vorderen Ohrenansätzen.

Schnupfen, Nebenhöhlenentzündung

Schnupfen und Nebenhöhlenentzündungen sind für einen Hund besonders schlimm, da der Geruchssinn für ihn sehr wichtig ist. Für den Hund bedeutet der Geruchssinn alles. Er findet damit sein Futter, sein Zuhause, seinen Besitzer und „liest" beim Spaziergang alle wichtige Nachrichten anderer Hunde.

Normalerweise hat ein Hund eine kühle, feuchte Nase. Eine warme, trockene Nase ist ein Zeichen, dass bei Ihrem Hund vielleicht etwas nicht in Ordnung ist. Um sicher zu gehen sollten Sie die Temperatur mit einem Fieberthermometer rektal messen. Die normale Temperatur beträgt 38,5 Grad C. Durch Anstrengung, Aufregung oder an heißen Tagen kann die Temperatur bis auf Fieberwerte ansteigen. Sie sollte aber nie 40 Grad übersteigen oder unter 35 Grad absinken.

Bei einem Hund lassen sich Erkältungskrankheiten viel schwieriger behandeln als beim Menschen, sie wirken sich auch weit dramatischer aus, wie zum Beispiel Husten, Schnupfen, Rachenentzündungen, Bronchitis, Asthma.

Bei Asthma kommen oft auch äußere Einwirkungen wie Fremdkörperstaub oder Blütenpollen hinzu.

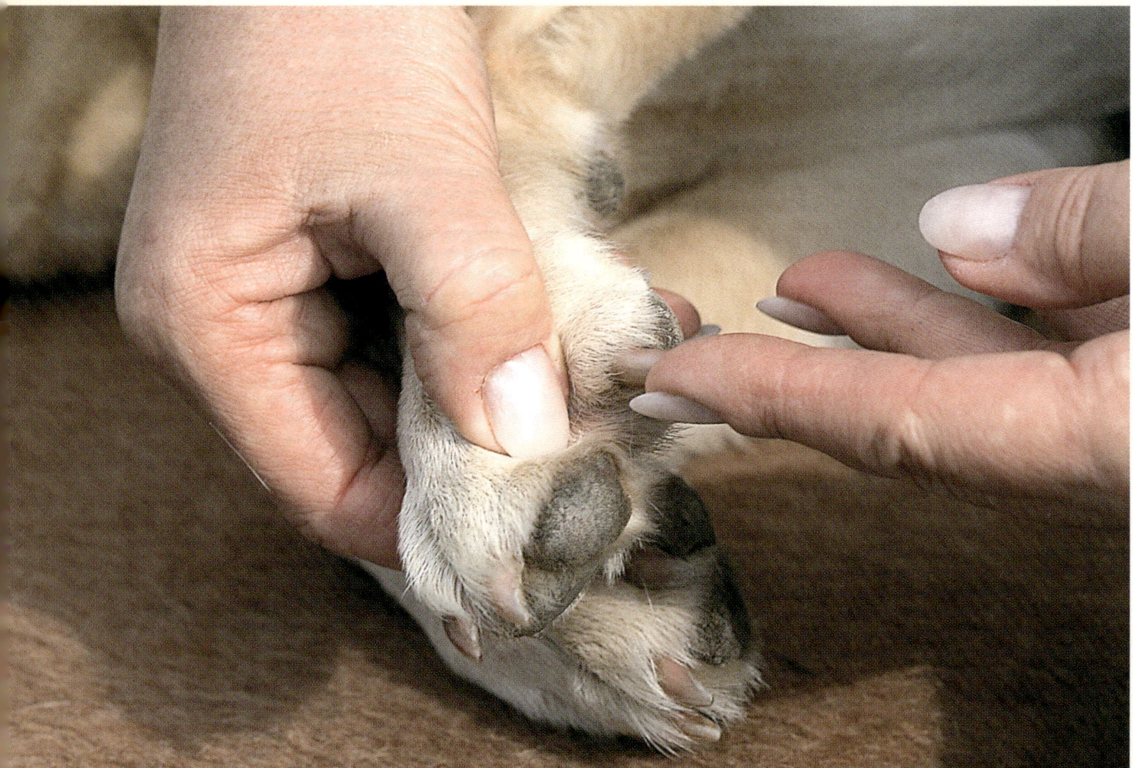

Dieser Punkt wird auch der Fieberpunkt genannt, da er – hier behandelt – fiebersenkend wirkt.

Sobald Sie bei Ihrem Hund einen glasigen, etwas schleimigen Ausfluss entdecken, der aus der Nase austritt, sollten Sie mit ihm zum Tierarzt gehen. Ein Schnupfen kann sehr schnell zu einer Nasennebenhöhlenentzündung führen. Der Ausfluss wird dann gelblich, eitrig oder mit Blut durchzogen. Für den Hund kann dieses Krankheitsbild fast unerträgliche Schmerzen bedeuten, die ihn unter Umständen sogar veranlassen, mit dem Kopf gegen Gegenstände zu schlagen.

Zwei Akupressur-Punkte können schnelle Hilfe bringen.

Punkt 1: Dieser Punkt befindet sich in der Mitte der Stirn genau zwischen den Augenbrauen und den Augen. Sie finden den Punkt am besten, wenn Sie mit dem Finger vom Nasenrücken genau in der Mitte zur Stirn gleiten, dort finden Sie eine kleine Vertiefung. Diesen Punkt massieren Sie einige Male am Tag fünf bis zehn Minuten. Sie fangen mit wenig Druck an und steigern diesen ganz nach Gefühl. Da der Hund bei dieser Krankheit am Kopf sehr schmerzempfindlich ist, müssen Sie ausprobieren, wie weit Sie gehen können.

Punkt 2 (und 3): Diese Punkte liegen in der Zwischenzehenspalte der ersten kleinen Zehe vor der Wölbung zur ersten großen Zehe, also im Daumenwinkel an den Vorderpfoten.

Punkt 4 (und 5): Sie liegen unterhalb des Ellenbogengelenkes auf der Innenseite der Vorderbeine. Auch diese Punkte werden, wie Punkt 1, mehrmals am Tag fünf bis zehn Minuten massiert. Punkt 4 beziehungsweise 5 lindert auch allgemeine Atembeschwerden.

Ohrerkrankungen

Ein allgemein bekannter Begriff ist das Wort Ohrenzwang, unter dem einige Ursachen für Beschwerden zusammengefasst sind. Es gibt Entzündungen von Ohrenschmalz, Parasiten, Milben sowie Ekzeme oder Fremdkörper, die in das Ohr eingedrungen sind. Regelmäßiges Reinigen der Ohren ist die beste Vorbeugung gegen eine ganze Reihe der möglichen Erkrankungen.

Die angegebenen Akupressur-Punkte können Sie schon vor dem Tierarztbesuch zur Linderung und auch später zur Unterstützung der Behandlung anwenden.

Punkt 1 (und 2): Sie befinden sich direkt vor dem Ohreingang in der Mitte. Bei Hunden, die Schlappohren haben, legen Sie am besten das Ohr nach hinten, dann finden Sie den Punkt vor dem Muschelansatz. Dort ist eine Vertiefung zu fühlen. Diese Punkte müssen wieder sehr vorsichtig stimuliert werden, denn der Hund ist sehr

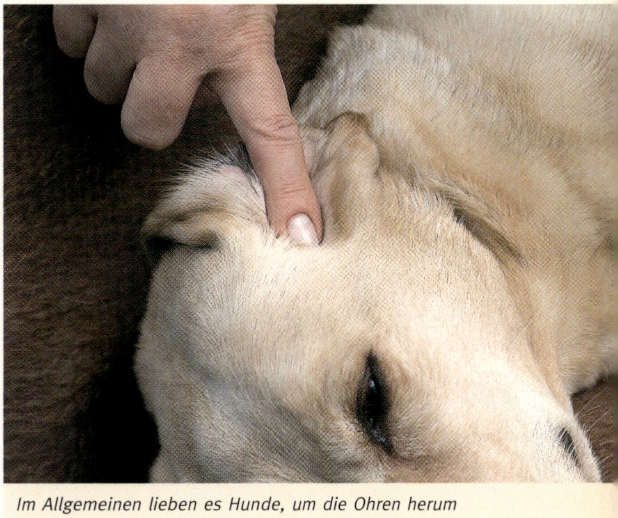

Im Allgemeinen lieben es Hunde, um die Ohren herum gekrault zu werden. Bei Schmerzen sollte man hier am Ohreingang aber vorsichtig vorgehen.

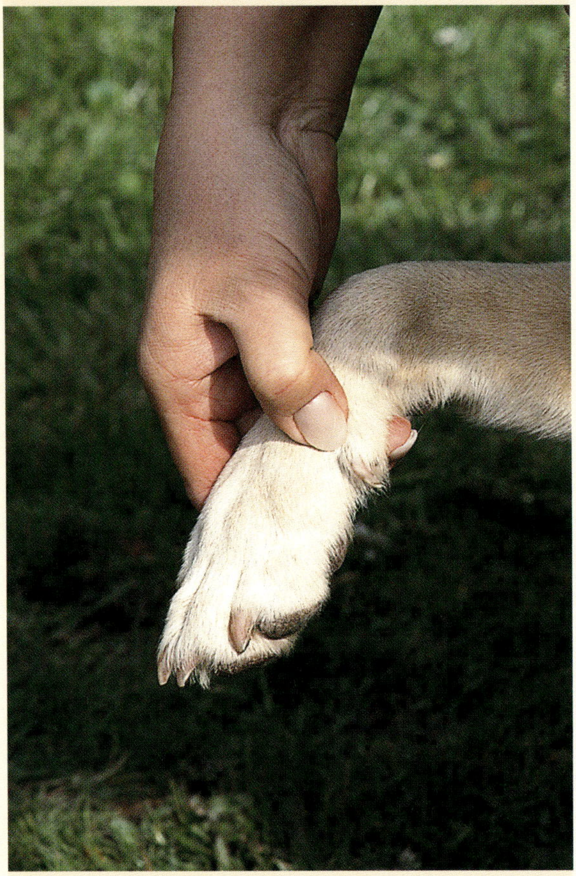

Bei schmerzhaften Ohrerkrankungen ist es dem Hund vielleicht an diesem Punkt angenehmer.

schmerzempfindlich. Es kann sogar sein, dass ein Hund nach seinem Besitzer schnappt. Nehmen Sie ihm das nicht übel, sondern fassen Sie ihn noch vorsichtiger an. Massieren Sie ganz zart zwei bis drei Minuten morgens und abends beide Ohren.

Punkt 3 (und 4): Diese Punkte befinden sich auf den Vorderpfoten auf der Innenseite des Daumens am Ende der Daumenspalte.

Diese Punkte massieren Sie etwas stärker, so wie Ihr Hund es zulässt, morgens und abends ein bis zwei Minuten.

Husten und Asthma

Husten beim Hund kann sehr verschiedene Formen haben kann, wie zum Beispiel ein trockener, rauher Husten, einzelne Hustenstöße oder länger anhaltende Hustenanfälle. Ein Hustenanfall kann auch durch zu festes Ziehen an der Leine ausgelöst werden. So schlimm sich dieses Husten dann anhören kann, es hat nichts mit einem krankhaften Husten zu tun. Alarmsignal ist eine trockene, warme Nase. Messen Sie bei Husten sofort die Temperatur Ihres Hundes. Bei Fieber müssen Sie mit ihm sofort den Tierarzt aufsuchen. Husten ist für einen Hund immer gefährlich, da auch das Herz in Mitleidenschaft gezogen werden kann. Oft verweigert ein Hund bei Husten und Halsschmerzen die Nahrungsaufnahme oder noch viel schlimmer, er trinkt nicht mehr, obwohl die Flüssigkeitszufuhr für ihn lebensnotwendig ist.

Hustenanfälle können auch ausgelöst werden durch Fremdkörper, die verschluckt wurden und festsitzen oder Verletzungen verursacht haben. Das können Knochensplitter, Holzstückchen oder verschluckte kleinere Gegenstände sein. Sie müssen vom Tierarzt sofort entfernt werden.

Mit folgenden Akupressur-Punkten können Sie bei einem Anfall schnell helfen.

Punkt 1 (und 2): Diese Punkte bringen schnelle Hilfe und liegen auf beiden Seiten des Rückens in der Mitte zwischen Schulterblatt und Wirbelsäule. Diese Punkte massieren Sie sofort, wenn ein Anfall beginnt, auf beiden Seiten gleichzeitig sehr intensiv, bis der Husten nachlässt.

Punkt 3 (und 4): Diese Punkte befinden sich oberhalb des Brustbeines auf der Brust. Sie finden auf jeder Seite eine kleine Vertiefung, die Sie kräftig massieren, wenn möglich bei Beginn eines jeden Hustenanfalles.

Punkt 5: Er liegt circa zwei bis drei Finger breit am Brustende vor Beginn der Rippen. Diesen Punkt massieren Sie zwei- bis dreimal am Tag ein bis zwei Minuten.

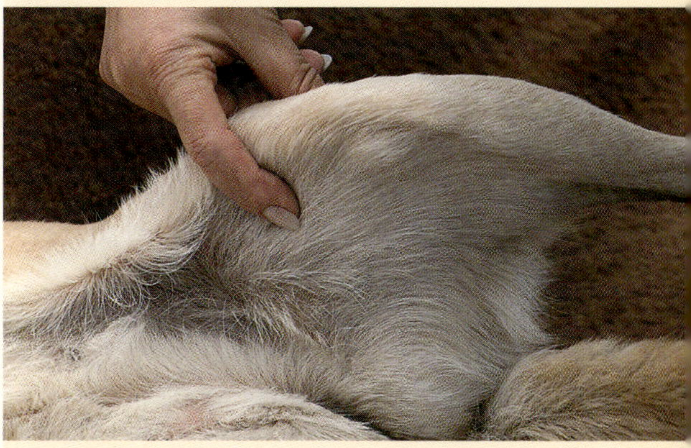

Am besten stehen Sie dabei über dem Hund. Durch den engen Kontakt mit Ihnen wird der Hund gleichzeitig beruhigt.

Diese beiden Punkte können bei anfälligen Hunden auch zur Vorbeugung verwendet werden.

Den Energiefluss steuern

Reflexzonenmassage

Die Pioniere der Reflexzonenmassage waren Fitzgerald/Ingham und Hanne Marquardt. Über die Fußmassage stellte man fest, dass ein Wohlbefinden eintrat und auch schon lange bestehende organische Beschwerden plötzlich nicht mehr vorkamen. So hat man im Laufe der Zeit versucht, die einzelnen Organ-Punkte am Fuß zu lokalieren. Bis heute ist immer noch nicht ganz klar, wie die Reflexzonen-Massage funktioniert – aber sie tut es. Sowohl beim Menschen wie auch beim Hund ist sie bei vielen Erkrankungen sehr hilfreich. Beim Hund kann man über die Ohren allerdings mehr erreichen als über die Pfoten, trotzdem sollten auch diese mit massiert werden.

Jede Reflexzone hat, wie gesagt, eine Zugehörigkeit zu einem bestimmten Organ oder einem Teil des Körpers. Die Energiebahnen zu den einzelnen Organen sowie zu allen Körperteilen (den Gelenken, der Wirbelsäule, dem Kopf, den Zähnen und den Ohren) durchziehen den ganzen Körper, und deshalb kann man auch alles behandeln. Die Fußreflexzonenmassage wirkt am besten, wenn der Hund bei der Behandlung liegt.

Bei einem Hund werden die Vorderbeine den Armen zugeordnet, und die Hinterbeine den Beinen. Im Gegensatz zu uns Menschen werden beim Hund die Organe, die rechts im Körper liegen, auch rechts behandelt und die Organe, die auf der linken Körperseite liegen, werden auch auf dieser Seite behandelt.

Einige Therapeuten behaupten, dass die Massage am linken Ohr eine intensivere Wirkung haben soll als am rechten Ohr. Es ist daher besser, immer beide Ohren des

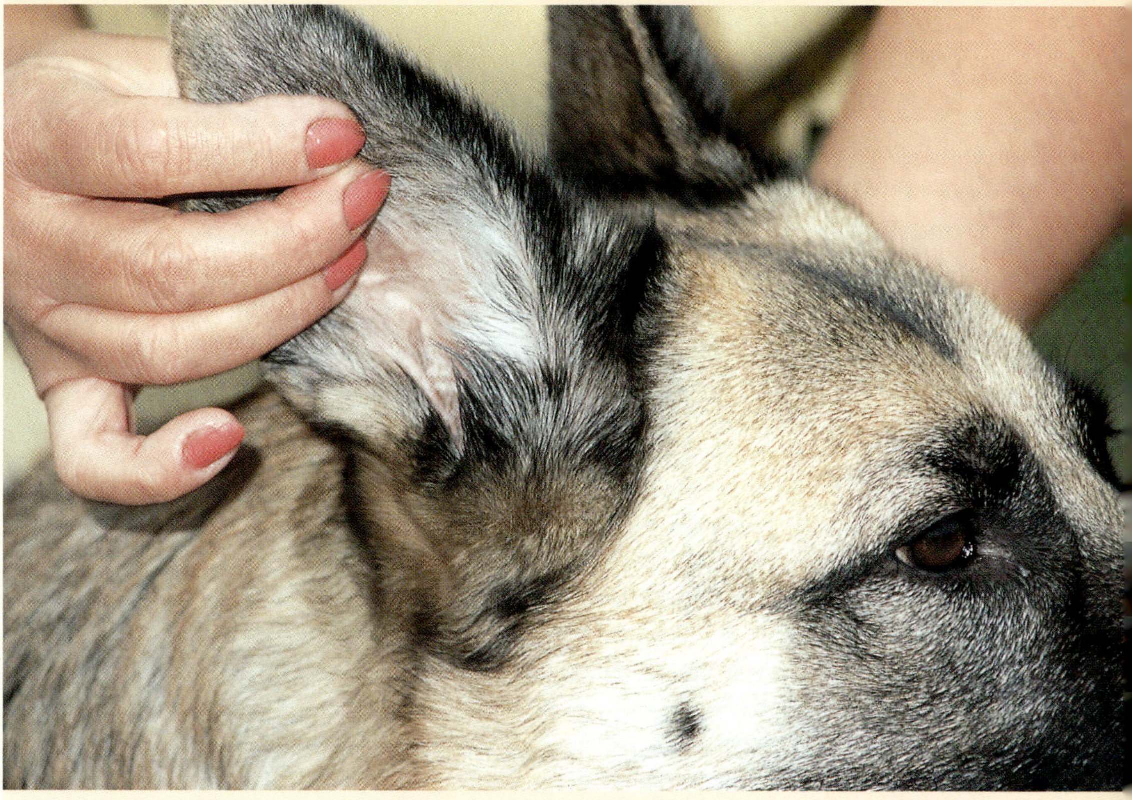

Im Gegensatz zur Behandlung des Menschen wird bei der Reflexzonenmassage beim Hund überwiegend massiert und nicht die Punkte gedrückt. (Foto: Manuela Eckenbach)

Hundes zu massieren, da die Massage beider Ohren einen viel besseren Erfolg zeigt.

Die Reflexzonenmassage beim Hund, vor allen Dingen am Ohr, ist für den Therapeuten auch eine gute Hilfe, um eine Diagnose zu stellen; akute oder auch chronische Krankheiten können an der Schmerzempfindlichkeit der einzelnen Reflexzonen erkannt werden.

Durch die Reflexzonenmassage werden Durchblutung und Stoffwechsel an dem Organ angeregt, das der jeweiligen Reflexzone zugeordnet ist, was zu einer Besserung oder Heilung beiträgt. Die Einnahme von Medikamenten kann möglicherweise reduziert und in manchen Fällen ganz eingestellt werden. Vor allem Schmerzbehandlungen lassen sich mit der Reflexzonenmassage sehr gut durchführen.

Um eine Heilung oder eine bedeutende Besserung der Beschwerden zu erzielen, sollte ein Hund in regelmäßigen Abständen von einem ausgebildeten Therapeuten massiert werden. Zum Vorbeugen oder zur Regeneration können Sie bei Ihrem Hund diese Massage auch selber durchführen.

Man kann die Massagen noch unterstützen oder verstärken mit Aromaölen, die speziell für jeden Patienten zusammengestellt werden, oder mit Bachblüten.

Allgemeine Technik der Reflexzonenmassage

Pfoten: Sie massieren leicht bis etwas stärker werdend mit dem Daumen oder Zeigefinger in kreisenden Bewegungen die angegebenen Reflexzonen. Zur allgemeinen Regeneration oder Stabilisierung nehmen Sie die ganze Pfote in die Hand und massieren mit dem Daumen auf der Pfote liegend und den anderen vier Fingern unter der Pfote liegend mit kreisenden Bewegungen. Die einzelnen Reflexzonen können Sie bei kleineren Hunden auch mit Hilfsmitteln (abgerundeter Stift oder Q-Tip) massieren. Bitte verwenden Sie keine spitzen Gegenstände.

Fussreflexzonenmassage

Augenkrankheiten

Bei allen Augenkrankheiten kann man mit der Reflexzonenmassage die Durchblutung und die Regeneration aktivieren. Sie kann zur Vorbeugung oder zur schnellen Heilung angewandt werden. Die Reflexzonen befinden sich an allen vier Pfoten am Anfang der Zehenspalten rechts und links an jeder Zehe. Dort ist eine kleine Wölbung – Sie gleiten mit dem Finger von der Spalte, beginnend an der kleinen Zehe, in den Zwischenraum, massieren erst die rechte, dann die linke Zehe, gleiten dann in den nächsten Spalt, bis Sie alle Zehen massiert haben. Es werden alle vier Pfoten insgesamt fünf Minuten am Tag massiert. Bei kleineren Hunden verwenden Sie, wie schon besprochen, ein Massagestäbchen oder ein Q-Tip, da Sie mit den Fingern nicht in die Zwischenräume kommen.

Haarausfall

Bei allen Formen des Haarausfalles finden Sie die zugeordneten Reflexzonen an den Vorderpfoten an der ersten höher sitzenden Zehe (Daumen). Dort ist eine Verdickung an der Zehenspalte, dahinter eine Vertiefung, in der sich die Reflexzonen befinden. Massieren Sie diese zwei- bis dreimal am Tag so kräftig, wie Ihr Hund es zulässt. Dauer: ein bis zwei Minuten.

Zum Vorbeugen massieren Sie, sooft Sie daran denken. Beim Streicheln oder auch beim Reinigen der Pfoten ist es ein Arbeitsgang.

Zähne und Mundhöhle

Bei allen Krankheiten, die mit den Zähnen oder der Mundhöhle zu tun haben, gleichgültig ob Zähne oder Fang oder um welche Krankheit es sich handelt, arbeiten Sie wie folgt:

An den Vorderpfoten auf der ersten Kralle vom Daumen liegen auf beiden Seiten Reflexzonen. Am besten massieren Sie jedoch den ganzen Daumen.

Die nächsten beiden Reflexzonen befinden sich auf den Vorderpfoten am Ansatz der zweiten Zehenkralle – auch hier können Sie die ganze Zehe massieren.

Alle Punkte massieren Sie vier- bis fünfmal am Tag jeweils ein bis zwei Minuten. Wenn Sie der Bildung von Zahnstein vorbeugen wollen, reicht es aus, die Reflexpunkte alle zwei Tage zweimal am Tag insgesamt ein bis zwei Minuten zu massieren.

Entgiftung

Bei allen akuten entzündlichen Krankheiten gleich welcher Art können Sie mit Reflexzonenmassage helfen. Sie tragen dazu bei, den Körper zu entgiften, den Lymphfluss zu aktivierten und das Immunsystem zu stärken. Die Reflexzonen befinden sich auf den Vorder- und auf den Hinterpfoten. Sie fangen genau in der Mitte über den Zwischenzehenspalten an, gleiten mit zwei Fingern (einem auf der Pfote und einem unter der Pfote) den Spalt mit leichtem Druck bis zum Ende entlang und zupfen kurz an der Zehenzwischenhaut. Dieses Ausstreichen der Spalte führen Sie einige Male am Tag durch. Jede Spalte wird drei- bis viermal ausgestrichen.

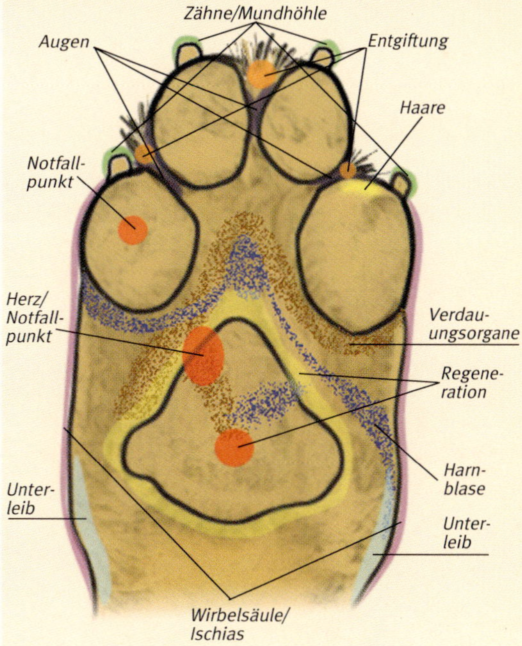

Schluckbeschwerden im Rachenraum

Bei allen Entzündungen im Rachenraum, ob durch Erkältung oder Verletzung hervorgerufen, können Schluckbeschwerden auftreten. Da sind folgende Reflexzonen sehr hilfreich: Sie liegen auf den Vorderpfoten an der ersten Zehe gegenüber der Daumenkralle. Sie massieren von der Mitte der ersten Zehe an der Seite entlang, bis Sie auf einer kleinen Wölbung ankommen. Dort verstärken Sie den Druck und massieren zwei- bis dreimal auf der gleichen Stelle. Diesen Vorgang wiederholen Sie zweimal täglich sechs- bis siebenmal am Tag. Massieren Sie langsam, aber intensiv.

Herz

Zur Kräftigung des Herzens, auch des alternden Hundes, gibt es Reflexzonen, um das Herz zu stabilisieren. Es gibt auch einen Notfallpunkt, der den Hund bei erster Hilfe zusätzlich unterstützen kann. Die Reflexzonen zur Regeneration und Kräftigung befinden sich unter den Vorder- und Hinterpfoten auf dem großen Ballen und um den Ballen herum. Massieren Sie zuerst um den ganzen Ballen herum mit leichtem bis festem Druck, so wie Ihr Hund es verträgt, und wiederholen dies drei- bis viermal auf jeder Pfote. Dann massieren Sie die großen Ballen einmal kräftig durch und massieren dann die Außenseiten auf den Ballen einige Male. Wenn Sie es können, massieren Sie erst die Vorderpfoten gleichzeitig und dann die Hinterpfoten gleichzeitig.

Der Notfallpunkt befindet sich unter den Vorderpfoten auf dem kleinen Zehenballen. Massieren Sie kräftig den ganzen Ballen, bis der Hund wieder zu sich kommt.

Verdauungsorgane

Verstopfung ist auch für einen Hund sehr unangenehm, sie kann sogar zu einem Darmverschluss führen.

Sorgen Sie dafür, dass Ihr Hund immer viel Bewegung hat – auch Trockenfutter und Flüssigkeitsmangel können zu Verstopfung führen. Die zugeordneten Reflexzonen liegen an den Hinterpfoten, wenn Sie von der Mitte des großen Ballens Richtung letzte Zehe gleiten.

Massieren Sie beide Ballen zweimal fünf bis zehn Minuten, zum Vorbeugen zweimal in der Woche.

Allgemeine Verdauungsprobleme und Vorbeugung

Massieren Sie an allen vier Pfoten von der Mitte des Ballens, immer an der Innenseite beginnend, bis zur Mitte der Außenseite zwischen Ballen und Zehen entlang. Massieren Sie zweimal in der Woche alle vier Pfoten insgesamt vier Minuten.

Zur Stärkung des Darmes und der Darmflora massieren Sie an den Hinterpfoten auf den kleinen Zehen, und zwar den Rand der Zehenkrallen.

Die Reflexzonen können zum Vorbeugen zweimal in der Woche insgesamt fünf Minuten massiert werden. Bei Problemen jeden Tag dreimal circa zwei bis drei Minuten jede Zehe.

Die Stärkung aller Verdauungsorgane kann man mit folgenden Reflexzonen erreichen: Sie befinden sich an den Hinterpfoten an der ersten Zehe in der Mitte der Außenseite. Sie werden bei Bedarf dreimal täglich zwei bis drei Minuten massiert.

Unterleib

Bei Unterleibsbeschwerden massieren Sie an den Hinterpfoten um die Ferse herum mit zwei Fingern, und zwar mit dem Daumen außen und mit dem Zeigefinger innen liegend.

Sie massieren von unten nach oben circa fünf- bis sechsmal vor der Ferse beginnend und lassen den Druck hinter der Ferse auslaufen. Massieren Sie so, wie Ihr Hund es verträgt.

Harnblasenentzündung

Die ersten Reflexzonen liegen an den Hinterpfoten an der Außenseite am Beginn des Fußwurzelgelenkes und der äußeren Zehenkralle. Weitere Reflexzonen liegen gegenüber der erstgenannten Zone an der Innenseite der Hinterpfoten und an den Hinterpfoten genau in der Mitte des Ballens. Sie massieren zuerst jede Reflexzone einzeln circa zwei Minuten, gleiten dann mit den Fingern von der ersten Reflexzone zur dritten in der Mitte und streichen von dort zur zweiten Reflexzone mit leichtem Druck aus. Sie können mit dieser Massage eine schnelle Besserung erreichen. Nur mit Medikamenten alleine dauert es bedeutend länger.

Gelenkerkrankungen, Wirbelsäule, Ischias

Bei allen Gelenkerkrankungen und Erkrankungen der Wirbelsäule können Sie mit der Fußreflexzonenmassage die Schmerzen lindern, eine schnellere Heilung erreichen, die Kallusbildung aktivieren und zur Regeneration im Gelenk- und Knochenbereich beitragen.

Die Reflexzonen dafür liegen an den Vorder- und Hinterpfoten. Sie massieren an den Vorderpfoten von den Daumen angefangen bis zur Fessel und dann bis zum Vorderfußwurzelgelenk am Innenrand der Pfote entlang, an der Außenseite der Vorderpfote von der letzten kleinen Kralle bis zur Fessel. An den Hinterpfoten massieren Sie an der Außenseite vom kleinen Zeh bis zur Fessel und an der Innenseite vom großen Zeh bis zum Sprunggelenk. Massieren Sie jede Pfote insgesamt circa ein bis zwei Minuten.

Speziell bei Ischiasbeschwerden massieren Sie mit zwei Fingern, die an der Innen- und Außenseite aufliegen, beginnend vor der Fessel bis zum Sprunggelenk mit einer ausstreichenden Bewegung.

Ohrreflexzonen-Massage

Die Reflexzonenmassage am Ohr Ihres Hundes ist eine Massage, die jeder Hundebesitzer ohne viel Zeitaufwand und ohne Suchen von bestimmten Reflexzonen durchführen kann. Sollte Ihnen beim Durchlesen des Buches die eine oder andere Möglichkeit zu kompliziert erscheinen, um Ihrem Tier zu helfen, haben Sie dieses Problem mit der Ohrreflexzonenmassage nicht (siehe auch beim TTouch Ohrarbeit). Damit kommt jeder Hundebesitzer zurecht.

Vor allen Dingen können Sie die Ohren immer mit Ihren Händen erreichen und massieren, ohne bestimmte Punkte su-

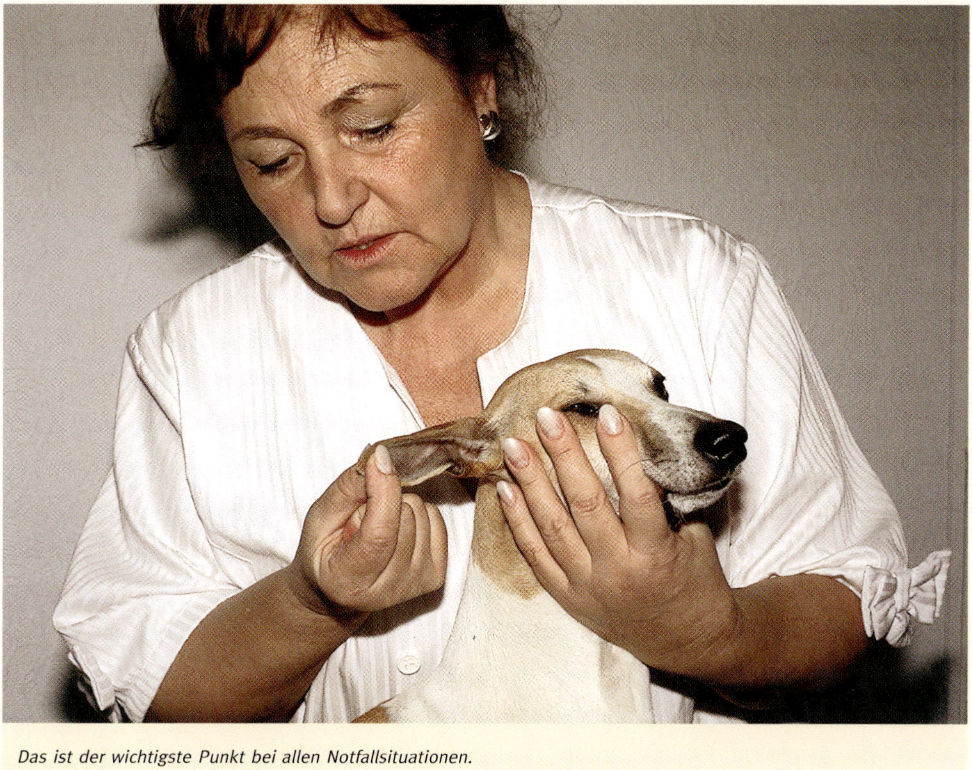

Das ist der wichtigste Punkt bei allen Notfallsituationen.

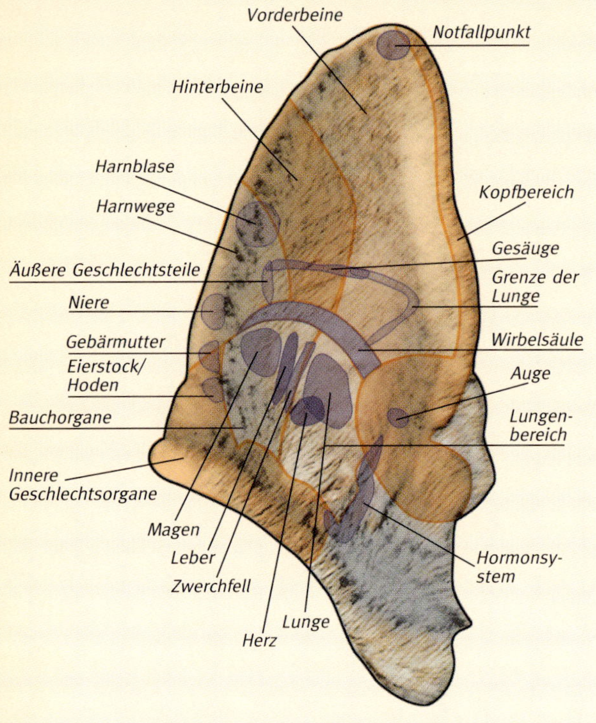

chen zu müssen. Sie können mit der Ohrmassage Krankheiten vorbeugen, das Immunsystem stärken und stabilisieren und zur Regeneration beitragen, Ihren Hund aktivieren oder beruhigen.

Sie haben an den Ohrspitzen einen Notfallpunkt, auch Schockpunkt genannt, mit dem Sie Ihr Tier aus einer Schocksituation herausholen können, die durch Unfall, Rauferei, Allergie, Vergiftung oder Kreislaufprobleme ausgelöst wurde. Mit der Massage der Ohren erreichen Sie aber auch die Psyche des Hundes und können so die Beziehung zu Ihrem Hund vertiefen. Sie werden sehen, dass sich Ihr Hund im Wesen verändert und ein ganz anderes Vertrauensverhältnis zu Ihnen aufbaut. Wenn Sie einmal darauf achten, werden Sie feststellen, dass Sie schon oft ganz unbewusst die Ohren Ihres Hundes massiert haben. In vielen Gesprächen mit Hundebesitzern haben mir diese bestätigt, dass sie sich von den Ohren magisch angezogen fühlen, sie zu berühren. Da einzelne Reflexzonen am Ohr sehr schwer zu finden sind, gebe ich Ihnen hier eine Massagemöglichkeit, mit der Sie sehr viel erreichen können, wenn Sie sich zwei Dinge einprägen: Zur Aktivierung massieren Sie mit etwas festerem Druck und schnelleren Bewegungen das ganze Ohr von unten nach oben an beiden Ohren, wenn möglich gleichzeitig. Zur Beruhigung massieren Sie die Ohren mit ganz leichtem Druck und ruhigen Bewegungen. Sie massieren immer von Ohransatz bis zur Ohrspitze, also immer von unten nach oben. Sie massieren das Ohr von innen und außen gleichzeitig, der Daumen liegt auf dem Ohr, die anderen Finger liegen im Ohr. Da die Reflexzonen bei einer bestehenden oder akuten Krankheit mit Schmerzen reagieren, sollten Sie sehr vorsichtig massieren. Die Schmerzen an den einzelnen Reflexzonen verschwinden wieder, wenn die Krankheit zurückgeht oder geheilt ist.

Notfallpunkt, Schockpunkt

Diese Punkte liegen an den Ohrspitzen. Wenn Ihr Hund schon das Bewusstsein verloren hat, massieren und drücken Sie die Ohrspitze mit festem Druck, bis Ihr Hund wieder bei Bewusstsein ist. Massieren Sie dann mit leichtem Druck weiter, bis der Tierarzt die weitere Behandlung übernimmt. Der Notfallpunkt kann immer massiert werden, wenn Ihr Hund einen Schock oder Kreislaufprobleme hat. Sie können ihm damit das Leben retten.

Wellness für Körper und Seele

Massage

Wenn Sie Ihrem Hund etwas Gutes tun wollen, dann massieren Sie ihn. Ohne große Kenntnisse zu besitzen, nur mit den einfachen Massagegriffen, können Sie viel erreichen.

Eine gute Massage soll den Ausgleich zwischen Körper und Geist (Seele) schaffen, die Selbstheilungskräfte aktivieren, Verspannungen und Verkrampfungen lösen, die Durchblutung anregen, zur Stärkung des Immunsystems beitragen. Sie kann auch das Selbstvertrauen Ihres Hundes und das Vertrauen zwischen Ihnen und Ihrem Hund aufbauen. Sie kann Blockaden lösen und darüber hinaus bei vielen Krankheiten als Begleitmaßnahme bei Ihrem Hund wahre Wunder vollbringen.

Sie können mit Ihren Händen sanft streichen oder mit kreisenden Bewegungen arbeiten; man kann aber auch nur mit den Fingerkuppen arbeiten, die Muskeln heben, die Haut rollen oder verschieben.

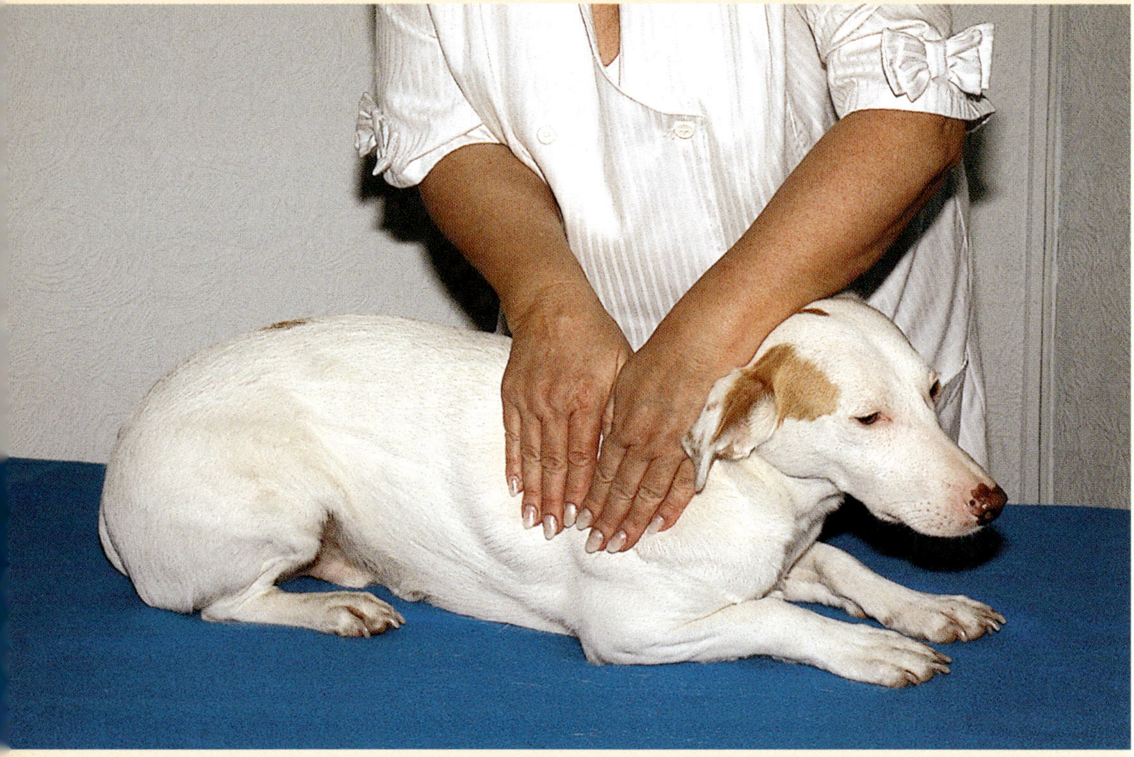

Machen Sie aus jeder Streicheleinheit eine Massageeinheit, Ihr Hund wird es Ihnen mit Gesundheit danken.

Suchen Sie sich nach Bedarf die passende Methode aus und massieren Sie Ihren Hund. Er wird immer begeistert sein, sofern Sie nicht zu fest zufassen. Arbeiten Sie immer so, dass er es als angenehmen empfindet.

Einfache Massagegriffe

Sie fangen am Kopf an und massieren mit kreisenden Bewegungen Ihrer Finger und leichtem Druck beide Seiten des Körpers bis ans Schwanzende und dann die Beine. Zum Beenden der Massage streichen Sie mit der ganzen Hand den Körper noch einmal aus. Das heißt, Sie streichen mit der flachen Hand jeweils ins einem Strich vom Kopf, über den ganzen Körper bis zur Schwanzspitze, den Pfoten und führen die Hand noch darüber hinaus. Wenn es möglich ist, massieren Sie beide Seiten gleichzeitig oder Sie legen den Hund auf die Seite und massieren dann jede Seite separat. Streichen Sie aber zum Schluss den ganzen Körper mit beiden Händen aus. Sie massieren vom Kopf bis zum Schwanz circa drei- bis viermal und gehen dann an den Beinen nach unten.

Die Massage kann fünf bis 15 Minuten dauern. Sie können sie ein- bis zweimal am Tag durchführen. Auch beim Streicheln können Sie immer wieder kreisende Bewegungen einfließen lassen.

Streichtechnik gegen den Fellwuchs

Bei allen Problemen der Muskulatur, Durchblutungsstörungen, Verkrampfungen, Gleichgewichts- und Koordinationsproblemen und zur Stärkung des Selbstvertrauens wendet man die folgende Streichtechnik an. Auch die Angst vor dem Angefasstwerden kann man beeinflussen. Sie streichen mit gespreizten Fingern und dem Handballen über den ganzen Körper von unten schräg nach oben zum Kopf und mit der flachen Hand wieder zurück. Zum Schluss streichen Sie die Beine aus. Der Hund liegt auf der Seite und Sie fangen vorne auf der Unterseite an und streichen schräg nach oben gegen das Fell und mit der flachen Hand wieder zurück. So ziehen Sie eine Bahn nach der anderen bis zum Ende des Körpers. Sie machen lange, leichte, gleitende Bewegungen, fangen mit leichtem Druck an und richten sich dann mit der Druckstärke nach Ihrem Hund. Das wiederholen Sie auf jeder Seite drei- bis viermal, und zwar ein- bis zweimal am Tag.

Rollen der Haut

Das Hautrollen ist in der Massage von alters her praktiziert worden. Man hat nur früher eine sehr starke Technik angewandt, die sehr schmerzhaft war. Heute arbeitet man mit leichtem Druck und schiebt die Haut wie eine kleine Rolle vor sich her.

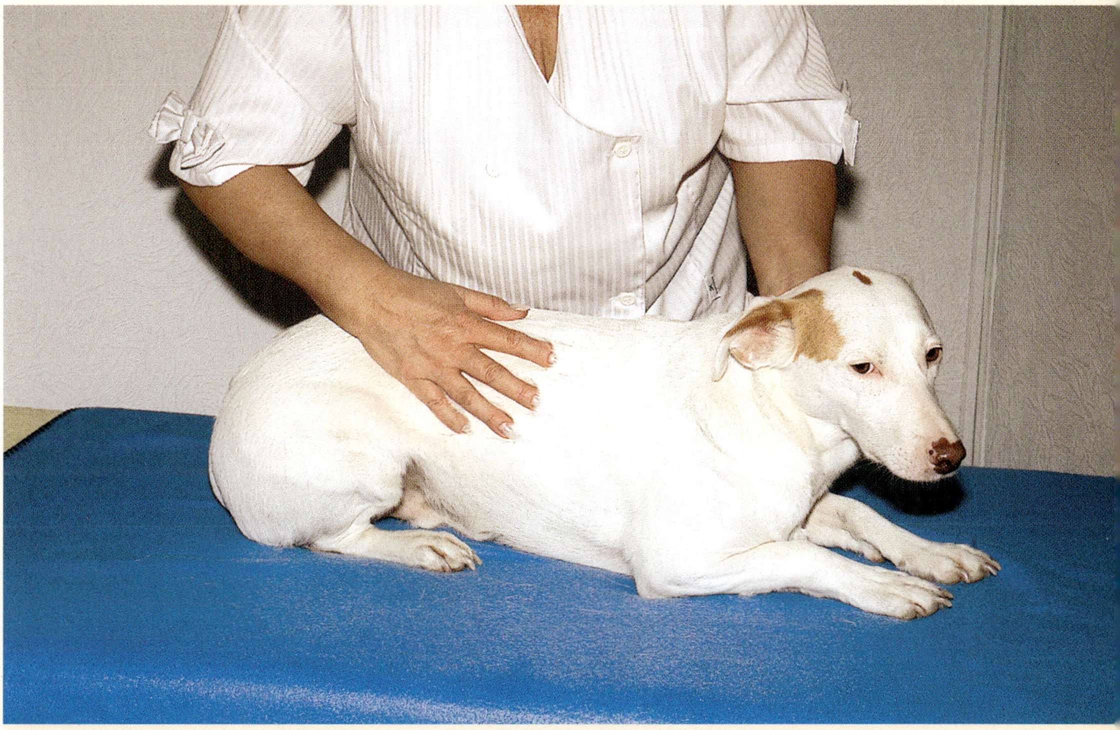

Diese Streichtechnik dient auch als gute Vorbereitung bei Hunden, die sich nicht gerne bürsten oder die Haare kämmen lassen.

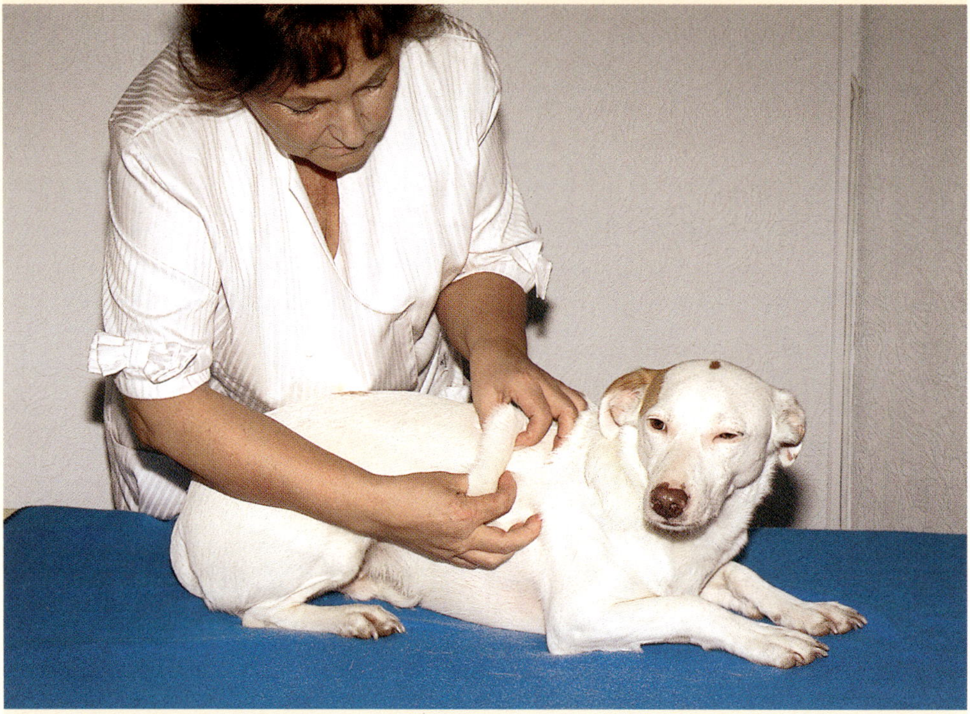

Das Rollen der Haut ist mit eine der besten Methoden, um Verspannungen zu lockern.

Diese Massage lockert Verspannungen, fördert die Durchblutung, regt den Stoffwechsel an und verändert das emotionale Verhalten Ihres Hundes positiv. Auch Hunde, die sich nicht gerne anfassen lassen oder das Bürsten ablehnen, werden hierdurch positiv beeinflusst.

Sie fangen am Kopf an und gleiten mit den Fingern (nicht gegen den Haarwuchs) am Körper entlang, und zwar legen Sie beide Hände – die Fingerspitzen Richtung Schwanz – nebeneinander und schieben mit den Daumen die Haut gegen die Zeigefinger, so dass sich eine Rolle bildet. Mit den anderen Fingern krabbeln Sie weiter und bilden so zwischen Zeigefinger und Daumen immer wieder eine neue Hautrolle. Sie massieren beide Seiten und den Rücken des Hundes zwei- bis dreimal. Dies können Sie ein- bis zweimal am Tag durchführen.

Blockadenlösung

Blockaden im Körper beeinflussen oft Krankheiten, und man kann keinen Erfolg mit den üblichen Behandlungsmethoden erzielen. Dann versuchen Sie es mit folgender Massage: Tasten Sie Ihren Hund am ganzen Körper ab, ob Sie Verhärtungen finden.

Wenn ja, massieren Sie mit dem Mittelfinger oder bei großen Flächen mit Zeige-, Mittel- und Ringfinger in kreisenden Bewegungen mit leichtem Druck, der je nach Schmerzempfinden verstärkt wird, so lange, bis Sie merken, dass die Stellen weicher werden. Dann wiederholen Sie die Massage zwei- bis dreimal am Tag, bis die Verhärtungen sich aufgelöst haben. Wenn Sie keine Verhärtungen finden, ist das Massieren an beiden Seiten der Wirbelsäule eine gute Möglichkeit Blockaden zu lösen (nicht auf der Wirbelsäule massieren).

Massieren Sie vom Schwanz in Richtung Kopf auf beiden Seiten gleichzeitig an der Wirbelsäule entlang und genau neben den Wirbeln in Richtung Körper mit kleinen kreisenden Bewegungen die gesamte Wirbelsäule entlang.

Kreisen Sie drei- bis viermal an derselben Stelle und gleiten dann zum nächsten Wirbel vor. Sie wiederholen den Vorgang zwei- bis dreimal einmal täglich.

Muskelheber

Diese Technik gehört mit in den Begriff Massage, ist aber eigentlich eine Hebebewegung, die die Muskulatur entspannt, die Durchblutung anregt, und wenn man die Beine behandelt, auch die Beweglichkeit und die Balance verbessern kann. Wenn Sie am Körper arbeiten, legen Sie eine flache Hand zum Stabilisieren und Halten entweder an die Brust oder unter den Bauch des Hundes, dann bekommt er ein Gefühl der Sicherheit.

Sie legen die flache Hand unterhalb des Muskels oder auch an den Seiten des Hundes auf, schieben mit dem Handballen das Fell oder den Muskel nach oben, die ganze Hand behält Kontakt zum Hund; verweilen Sie einen Moment und lassen dann die Hand wieder nach unten gleiten. Am besten atmen Sie dabei tief ein, wenn Sie die Hand nach oben schieben, halten dann den Druck der Hand zwei Sekunden fest, indem Sie auch zwei Sekunden die Luft anhalten.

Beim Ausatmen lassen Sie langsam die Hand wieder nach unten gleiten. Wiederholen Sie diesen Vorgang drei- bis viermal einmal am Tag. An den Beinen nehmen Sie je nach Größe des Hundes beide Hände, eine Hand oder sogar nur Ihre Finger.

Bei ganz kleinen Hunden nehmen Sie die Beinchen zwischen Daumen und Zeigefinger. Beim TTouch nennt sich der Muskelheber auch Pythonheber.

Der Muskelheber ist gerade bei sportlichen Hunden, auch als schnelle Hilfe sehr geeignet, zum Beispiel bei Verkrampfungen oder Zerrungen bei Agility.

Der neue Weg im Umgang mit Hunden

Der TTOUCH nach Linda Tellington-Jones

Die TTEAM-Methode und der TTOUCH wurden von der weltweit bekannten Tierexpertin Linda Tellington-Jones ab 1974 entwickelt. Mittlerweile werden sie von Tierärzten, Therapeuten und Tierbesitzern in über 30 Ländern erfolgreich angewandt.

Die TTEAM-Methode besteht aus vielen verschiedenen Handpositionen und Bewegungen, die im Uhrzeigersinn mit unterschiedlichen Druckstärken auf der Haut des Tieres durchgeführt werden. Durch diese Methode erzielen Sie eine bessere Beziehung zu Ihrem Hund. TTEAM verbessert das körperliche und emotionale Gleichgewicht von Mensch und Tier, ermöglicht eine neue Art der Verständigung, der Zusammenarbeit und des Trainings und gibt so einen dauerhaften Erfolg für beide Seiten.

Der TTOUCH wird mit großem Erfolg zur Beruhigung der Hunde, zur Wiederherstellung des Vertrauens, Linderung von Schmerzen und zum Abbau von Stress, Aggression und Spannungen eingesetzt. In diesem Kapitel habe ich die wichtigsten

TTOUCH-Griffe zusammengestellt, mit denen Sie am meisten erreichen können. Die TTOUCH-Methode ist leicht und mit schnellem Erfolg durchzuführen. Sollten Sie mit Ihrem Hund arbeiten, zum Beispiel auf die Jagd gehen, Agility machen, einen Arbeitshund bei der Polizei haben oder einen Rettungshund führen, so haben Sie mit diesen Griffen etwas an der Hand, was Sie schnell und effektiv einsetzen können, zum Beispiel vor, während und nach dem Einsatz.

Sie bewegen Ihre Finger eineinviertel Umdrehungen im Uhrzeigersinn von 6.00 Uhr bis 20.00 Uhr.

Kreisen im Uhrzeigersinn

Der TTOUCH besteht aus Kreisen auf der Haut, die Sie im Uhrzeigersinn, mit verschiedenen Handpositionen und mit verschiedenen Druckstärken ausführen. Das Wichtigste dabei sind die Hautverschiebungen der im Uhrzeigersinn gedrehten eineinviertel Kreise; also immer eine volle Umdrehung und etwas mehr.

Stellen Sie sich eine Uhr vor, legen Sie Ihre Finger auf den Körper des Hundes und bewegen nur die Haut von unten 6.00 Uhr bis 20.00 Uhr im Uhrzeigersinn, eine volle Umdrehung und etwas mehr in der gewünschten Druckstärke. Dann setzen Sie Ihre Finger ein Stückchen weiter am Körper an und beginnen wieder mit einer neuen Kreisbewegung.

Die Haut wird dabei gleichmäßig verschoben, nicht gezogen und nicht nur leicht die Haare gestreichelt. So haben Sie immer einen gleichmäßigen Hautkontakt zu Ihrem Hund. Arbeiten Sie mit einem gleichmäßigen Druck und Rhythmus. Sie können mit langsamen oder schnellen Bewegungen arbeiten, je nachdem, ob Sie auf Ihren Hund beruhigend oder aktivierend einwirken wollen. Weitere Angaben dazu folgen in der Beschreibung des einzelnen TOUCHes.

Stützen Sie den Körper Ihres Hundes mit der freien Hand, halten Sie immer engen Kontakt. Mit dem TTOUCH erreichen Sie auch bei Leistungshunden eine Steigerung der Leistung, Sie können aktivieren, beruhigen, Spannungen lösen, Schmerzen lindern und die Heilung von Krankheiten und Verletzungen beschleunigen.

Kreislaufprobleme können sehr schnell positiv beeinflusst werden, auch bei Schock haben Sie eine zusätzliche Möglichkeit (neben der Erstversorgung) Hilfe zu leisten.

Prellungen und Verstauchungen, die beim Spielen, Raufen, bei Unfällen und auch bei Arbeitshunden auftreten können,

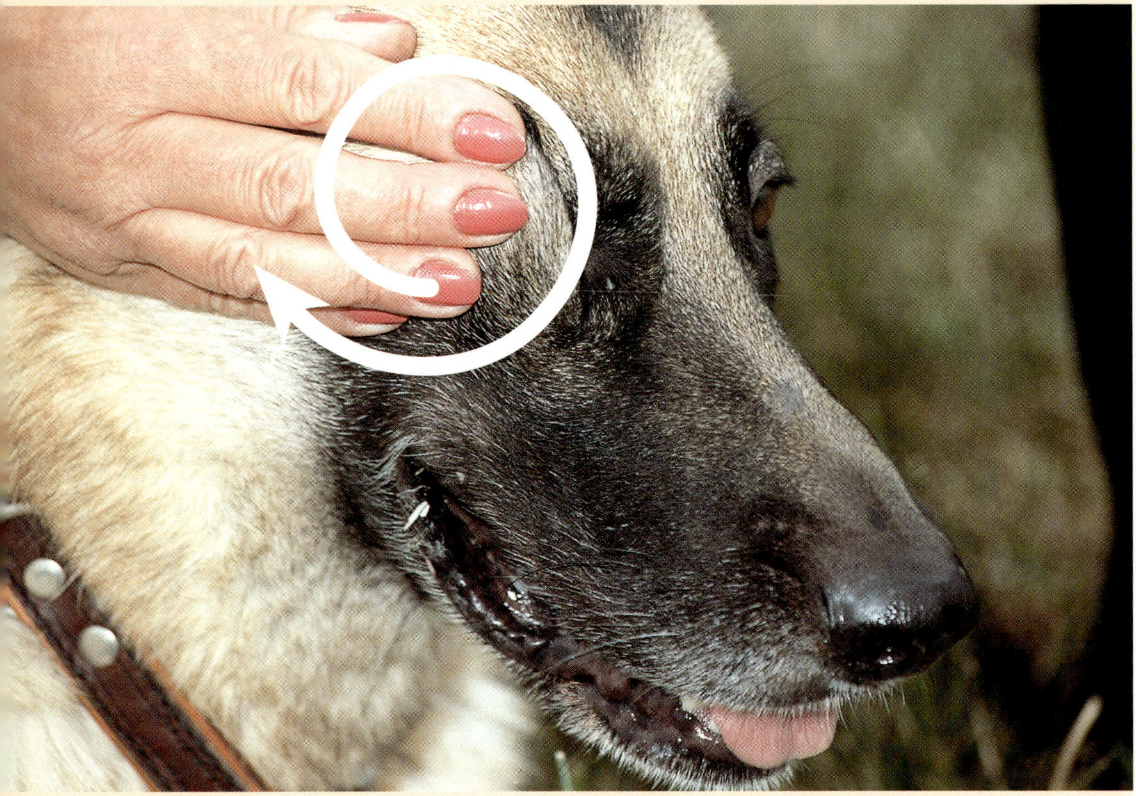

Die Haut wird regelrecht in Falten kreisförmig bewegt. (Foto: Manuela Eckenbach)

kann man sogar mit der sofortigen Anwendung zum Beispiel des Waschbären-Touch bearbeiten, so dass keine oder nur geringe Schwellungen oder Blutergüsse auftreten.

Der Druck der Handbewegungen beim TTOUCH wird in Stärken zwischen einem und sechs Grad gemessen. Sie ermitteln die Druckstärke eins am besten, wenn Sie mit der Kuppe Ihres Mittelfingers Ihr Augenlid so leicht, dass es kaum spürbar ist, in dem beschriebenen eineinviertel Kreis bewegen. Stärke zwei ist ein wenig stärker auszuführen, aber immer noch so, dass es nicht unangenehm ist. Stärke drei drückt das Augenlid bereits so stark, dass es unangenehm wird, aber nicht zu stark. Führen Sie die Druckstärken weiter auf Ihrem Unterarm durch, und prägen Sie sich das Gefühl für den Druck dabei ein. Der Abdruck der Stärke sechs ist doppelt so tief wie der von drei. Bei einigen Wiederholungen werden Sie sicherer in den verschiedenen Druckstärken.

Berücksichtigen Sie bitte beim TTOUCH, dass Ihr Hund sensibel auf Ihre Stimmungslage reagiert, daher atmen Sie bitte bei der Arbeit selbst ruhig und gleichmäßig und geben dem Hund ein Gefühl der Ruhe und Sicherheit.

Ohrarbeit

Wann einsetzen?

Notfälle
Kreislaufprobleme
Atemnot
Erschöpfung
Ermüdung
Stress
Schock

Sie halten den Kopf des Hundes, um ihm ein sicheres Gefühl zu geben. Mit der zweiten Hand streichen Sie das Ohr von der Kopfmitte bis zur Ohrspitze mit dem Daumen auf der Ohraußenseite und dem Zeigefinger innen behutsam, aber doch fest. Das wird einige Male wiederholt, so dass das ganze Ohr bearbeitet wird. Dann wechseln Sie zum anderen Ohr.

Sie können, anstatt auszustreichen, mit Daumen und Zeigefingern auch kleine kreisende Bewegungen machen. Wenn Sie den Hund beruhigen müssen, dann führen Sie alle Bewegungen mit wenig Druck und langsam aus, zur Aktivierung mit schnellen Bewegungen und etwas fester.

Bei Kreislaufproblemen und Schock bearbeiten Sie ziemlich fest das ganze Ohr und aktivieren vor allem die Ohrspitzen, wenn möglich bei beiden Ohren gleichzeitig. Viele Akupressurpunkte laufen im Ohr zusammen und können entsprechend stimuliert werden. Was bei uns Menschen die Fußreflexzonenmassage ist, ist beim Hund die Ohrarbeit. Zusätzlich kann die Ohrarbeit bei Verdauungsproblemen, Arthritis, bei Herzproblemen und zur Förderung der Durchblutung eingesetzt werden.

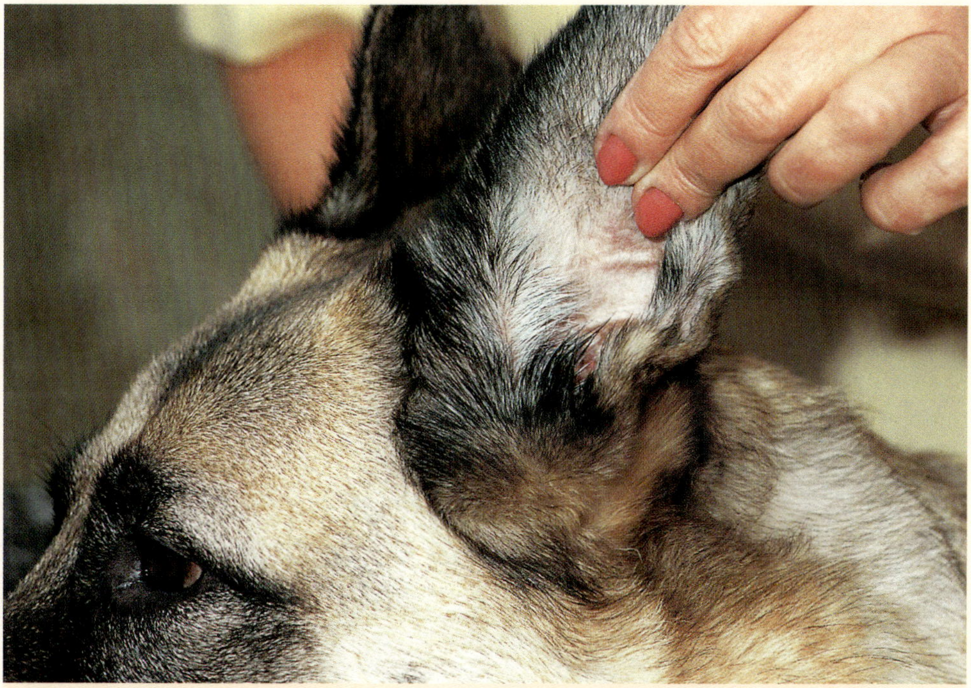

Im Ohr laufen viele Akupressurpunkte zusammen, die stimuliert werden können. (Foto: Manuela Eckenbach)

Der Waschbär

Wann einsetzen?

Prellungen
Verstauchungen
Wunden
Schwellungen
Verbesserung der Durchblutung
Schmerzen reduzieren

Der Waschbär-TOUCH ist eine sehr gute Hilfe gerade bei Unfällen und Verletzungen, er ist schmerzlindernd und durchblutungsfördernd, aber auch sehr hilfreich bei Gleichgewichtsstörungen, Angst vor glatten Flächen, Vorbereitung zum Krallenschneiden, Arthritis und bei Welpen, (an ihnen aber nur mit einem bis zwei Fingern arbeiten).

Der Waschbär-TOUCH dient auch zur Einleitung anderer TOUCHes.

Sie arbeiten mit Ihren Fingerspitzen und machen kleine Kreise mit allen vier Fingern. Der Daumen wird als Halt aufgelegt. Je nach Größe der Fläche kann auch nur mit einem Finger gearbeitet werden. Die Fingernägel sollten nach Möglichkeit kurz sein.

Bei Schwellungen wird ganz leicht um die Schwellung und noch leichter auf der Schwellung gearbeitet, ebenso bei Prellungen, um eventuelle Blutergüsse zu verhindern beziehungsweise zu reduzieren.

Zur Schmerzlinderung touchen Sie am ganzen Körper und an den Schmerzpunkten. Wenden Sie kleine und leichte Kreise an.

Wunden und Verletzungen werden zuerst versorgt, anschließend kann man um die Wunden herum mit Druckstärke eins bis zwei arbeiten.

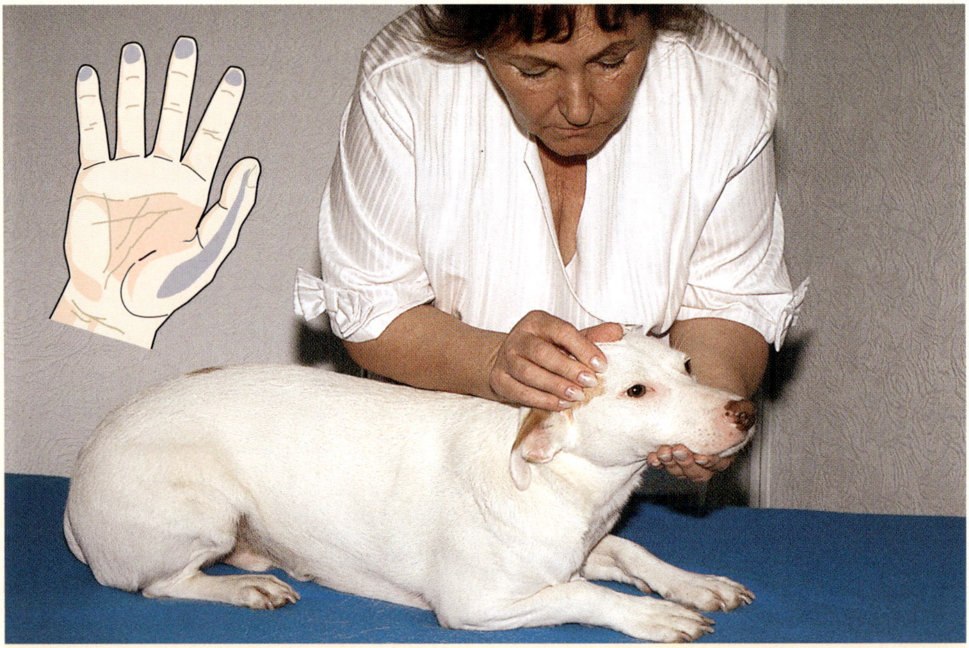

Der Daumen liegt als Halt auf der Fläche, mit den Fingerspitzen ziehen Sie kleine Kreise.

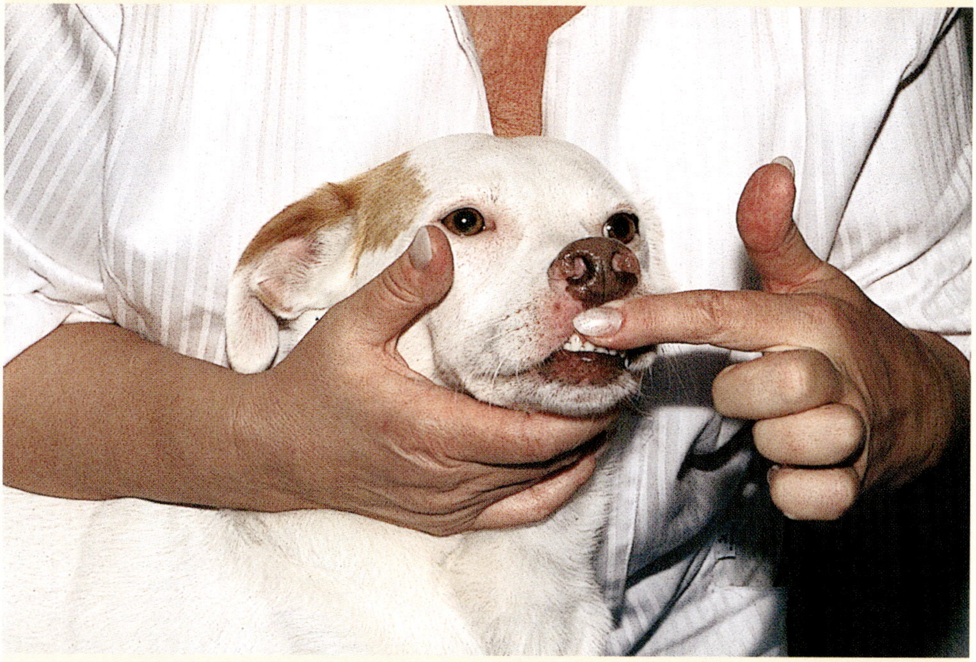

Der Punkt über den Vorderzähnen ist zusätzlich auch ein Schockpunkt.

Maularbeit

Wann einsetzen?

Hyperaktivität
Nervosität
Stress
Konzentrationsmangel
Lernfähigkeit
Emotionale Reaktionen

Die Maul-Arbeit lässt sich sehr gut einsetzen, wenn Sie mit Ihrem Hund eine Hundeschule besuchen, beim Training, bei Prüfungen und Eignungstests, die für viele Hunde heute erforderlich sind, auch bei Einsätzen von Arbeitshunden. Weitere Einsatzmöglichkeiten sind beim Welpen während des Zahnens (vor allem, wenn Gegenstände zerkaut werden), bei Angst vor dem Tierarzt, bei Aggressionen und der allgemeinen Förderung der Gesundheit.

Die Maul-Arbeit ist am Anfang etwas ungewohnt für den Hund, wird in der Regel aber recht bald akzeptiert und sogar genossen. Achten Sie bitte darauf, dass das Maul feucht ist, am besten feuchten Sie auch Ihre Finger mit Wasser an.

Sie stehen hinter dem Hund und stützen seinen Kopf mit einer Hand, so dass Maul und Hals Halt haben. Mit den Fingern gleiten Sie nacheinander an beiden Seiten von außen auf dem Maul entlang und dann von innen auf dem Zahnfleisch entlang. Sie nehmen dazu kleine Waschbär-TOUCHes in etwa der Stärke zwei bis drei. Es werden nur kleine Kreise auf den Lefzen, im Maul und auf dem Zahnfleisch ausgeführt.

Gleiten Sie mit dem Wolkenleopard vom Kopf über den Hals, dann über die Flanken zum Ende des Rückens in einer Linie. Dann setzen Sie parallel zu der Linie wieder am Kopf an.

Der Wolkenleopard

Wann einsetzen?

Trainingsvorbereitung
Stressreduzierung
Stärken des Selbstbewusstseins
Aggression
Übelkeit bei Autofahrten

Der Wolkenleopard hilft dem Hund, sich an neue Situationen bei Ausbildung und Training zu gewöhnen. Er baut Stress und Aggressionen ab und mindert die Nervosität.

Leidet ein Hund bei Autofahrten oder im Flugzeug unter Übelkeit und Erbrechen, wird (neben der Maul- und Ohrenarbeit) der Wolkenleopard an beiden Seiten neben der Wirbelsäule, unter dem Bauch und an den Lenden durchgeführt. Anspannungen jeder Art, auch vor Prüfungen und im Training können über die Vorder- und Hinterläufe gelöst werden. Man beginnt dabei an den Oberarmen oder Oberschenkeln und arbeitet sich zu den Pfoten hinunter.

Beim Wolkenleopard legt man nur die vorderen Fingerkuppen auf. Der Daumen liegt etwas gestreckt auf, um Kontakt und Halt zum Körper des Hundes zu halten. Die Finger sind leicht gekrümmt. Vom Mittelfinger angeführt bewegen sich alle Finger im Uhrzeigersinn um eine eineinviertel Kreisbewegung und verschieben dabei die Haut. Achten Sie dabei wieder auf die eigene, ruhige Atmung und darauf, Handgelenk und Arm so zu halten, dass Sie weich und entspannt arbeiten können. Beobachten Sie Ihren Hund dabei und regulieren Sie eventuell die Druckstärke Ihrer Hand.

Der Bär TTOUCH

Wann einsetzen?

Juckende Stellen
Insektenstiche
Allergien
Floh-Allergie
Heiße Stellen am Körper
Schwellungen/Rötungen
Verhärtungen im Rücken und Nierenbereich

Der Bär TTOUCH ist sehr hilfreich bei Hautjucken, Schwellungen und Rötungen, vor allem aber bei Insekten- oder Flohstichen und bei Allergien. Insektenstiche aber bitte zuerst mit den entsprechenden Mitteln behandeln. Bei älteren Tieren treten oft Schwellungen und Rötungen im Rücken- und Nierenbereich auf, auch da kann der Bär TTOUCH zur Schmerzlinde-

Sie drücken die Fingerspitzen fast senkrecht in die Haut. Die Kreise werden überwiegend mit den Fingernägeln gemacht.

rung und Abschwellung beitragen. Der Bär TTOUCH wird mit den Fingernägeln durchgeführt, nicht wie der Waschbär TTOUCH nur mit den Fingerkuppen. Beim Bär TTOUCH sollte Ihr Hund die Fingernägel spüren – die allerdings sollten nicht länger als zwei bis drei Millimeter sein. Die Druckstärke kann zwischen 1 und 4 liegen.

Bei Rötungen und heißen Stellen legt man noch ein kühles, feuchtes Tuch auf und arbeitet mit leichtem Druck (1 bis 2, maximal 3) auf dem Tuch, um den Juckreiz zu stillen. Dieses Tuch kann auch mit verdünntem Obstessig getränkt sein oder einem Juckreiz stillenden Mittel. Bei Nesselfieber nimmt man ein in Essigwasser getränktes kaltes Leinentuch, wickelt den Hund darin ein und arbeitet über dem Tuch mit dem Bär TTOUCH. Sobald das Tuch heiß wird, wird es wieder entfernt.

Auch beim Bär TTOUCH wird im eineinviertel Kreis im Uhrzeigersinn gearbeitet. Der Daumen liegt zum Halt auf und mit den anderen Fingern werden die kleinen Kreise durchgeführt.

Bei Jucken und Rötungen in der Stärke zwischen 1 und 3, bei Muskelverhärtungen bis Stärke 4. Der Bär TTOUCH dient auch dazu, dem Hund die behandelten Stellen bewusst zu machen und dadurch die Besserung in diesen Regionen zu fördern.

Der Pythonheber – Python TTOUCH

Wann einsetzen?

Überanstrengung der Muskulatur
Nervosität
Durchblutungsstörungen
Gleichgewicht
Arthritis

Hüftgelenkdysplasie (HD)
Verbesserung des mentalen, emotionalen und körperlichen Gleichgewichts

Der Pythonheber dient der Leistungssteigerung und Verbesserung der Beweglichkeit, der Balance und des Gangs. Er ist sehr hilfreich, wenn die Beinmuskulatur oder Rückenmuskulatur überanstrengt wurde, bei Muskelverspannungen und Krämpfen auch im Brust-, Schulter- und Halsbereich, ebenso bei Durchblutungsstörungen, vor allem an den Beinen. Bei zu kalten Pfoten zusätzlich den Waschbär TTOUCH auf den Ballen anwenden.

Beim Pythonheber ist das Atmen wieder sehr wichtig. Während Sie die Haut mit der ganzen Hand nach oben schieben, atmen Sie kräftig ein und halten circa zwei Sekunden die Luft an, halten auch die Haut beziehungsweise den Muskel so lange oben. Dann atmen Sie doppelt so lange aus und lassen genauso langsam die Hand nach unten gleiten. Sie legen die ganze Handfläche auf die Haut beziehungsweise den Rumpf auf, mit der anderen Hand geben Sie Ihrem Hund Halt am Körper oder Halsband. Arbeiten Sie jede Seite vom Hals bis zu den Hinterbeinen durch. Lassen Sie Ihre Hand immer eine Handbreit nach unten gleiten und schieben von da die Haut nach oben. Bei großen Hunden können Sie auch mit beiden Händen die Beine umfassen und nach oben schieben. So auch die Hinterläufe und Oberschenkel. Zum Schluss streichen Sie den Körper beziehungsweise die Beine mit der flachen Hand aus und umfassen die Pfoten für einen Moment und halten sie fest.

Die Schwanzarbeit – Ruten TTOUCH

Wann einsetzen?
Gleichgewichtsprobleme
Gang korrigieren
Entspannen der Rückenmuskulatur
Stress und starke Anspannung
Allgemeine körperliche Probleme
Arthritis
Hüftgelenkdysplasie (HD)
Angst

Die Schwanzarbeit eignet sich sehr gut bei extremer Anspannung, Stress und Verspannungen der Rückenmuskulatur. Beim Training und bei Agility hilft sie bei Gleichgewichtsproblemen (bei der Gerätearbeit), und sie eignet sich für Hunde, bei denen der Gang korrigiert werden muss. Man kann die Schwanzarbeit dann auch vor und während des Trainings anwenden.

Ebenso hilfreich ist dieser TTOUCH bei Hunden, die Angst vor lauten Geräuschen haben, wie Donner oder Schüsse – auch bisher schussfeste Hunde können plötzlich von Angst befallen werden. Die Schwanzarbeit sollte sehr behutsam, sanft und langsam durchgeführt werden. Viele Hunde mögen das Hantieren an ihrer Rute zu Anfang nicht und müssen sich erst daran gewöhnen. Heben Sie den Schwanz so weit an, bis er auf gleicher Linie mit dem Rücken ist. Damit Ihr Hund sich an die Berührung gewöhnt, streichen Sie einige Male den Schwanz entlang, dann halten Sie eine Hand am Schwanzansatz zur Stütze und machen mit der anderen Hand leichte Kreise. Nachdem Sie einige Kreise in beide Richtungen den Schwanz entlang gemacht haben, streichen Sie mit Ihrer Hand den Schwanz entlang und ziehen ganz leicht an ihm, halten ihn dann vier bis sechs Sekunden in dieser Position fest und lassen dann langsam wieder los. Dies wiederholen Sie, bis Sie an der Schwanzspitze angelangt sind.

Der Bauchheber

Wann einsetzen?

Magen-Darm-Probleme
Stress und Anspannung
Gleichgewichtsprobleme
Verkrampfung der Rückenmuskulatur
Steifheit der Gelenke
Bei Hündinnen Trächtigkeit

Der Bauchheber entspannt die Muskulatur und wirkt beruhigend auf Ihren Hund. Auch die Gelenke werden lockerer, falls Ihr Hund zur Steifheit neigt und zum Beispiel. nicht gut aufstehen kann. Sollten Sie eine tragende Hündin haben, ist der Bauchheber eine gute Vorbereitung auf die Geburt. Der Bauchheber kann mit den Händen, einem Handtuch oder Tuch ausgeführt werden. Sie können ihn alleine oder besser zu zweit durchführen, wenn der Hund liegt oder steht. Wichtig ist, dass Sie langsam arbeiten, Sie beginnen hinter den Achseln und gehen weiter bis zu den Hinterläufen. Ein normales Handtuch falten Sie dreimal in der Länge und führen es unter dem Bauch, die Enden halten Sie mit Ihren Händen hoch. Zählen Sie beim Anheben langsam bis sechs, halten Sie bis drei und lassen dann wieder bis sechs zählend, langsam nach unten wieder los. Der Rücken darf sich nicht stark wölben. Den besten Rhythmus finden Sie, wenn Sie gleichzeitig mit der Bewegung ein- und ausatmen. Wenn Sie mit den Händen arbeiten, legen Sie eine Hand unter den Bauch, die andere gegenüber auf den Rücken. Jetzt arbeiten Sie wie zuvor beschrieben.

Achten Sie darauf, dass sich der Rücken beim Bauchheber nicht zu sehr krümmt.

Der liegende Leopard

Wann einsetzen?

Verletzungen
Schwellungen
Blutergüsse
Wunden
Entspannung
Bindung

Wenn Sie die Bindung zu Ihrem Tier verstärken wollen, ist dieser TOUCH sehr hilfreich. Führen Sie Ihre Hand in einer Linie vom Kopf bis zum Schwanz in eineinviertel Kreisen über den ganzen Körper. Streichen Sie, nachdem Sie einen Kreis beendet haben, ein Stückchen weiter über das Fell und beginnen mit einem neuen Kreis. So stellen Sie von einem Kreis zum anderen eine Verbindung her. Wenn Sie unten angekommen sind, setzen Sie eine neue Linie daneben an. Bitte auch den Schwanz mit einbeziehen. Das Ganze beenden Sie dann mit „Noahs langem Marsch", einem lang gezogenen, ruhigen Streichen in Fellrichtung entlang des Körpers. Mann sollte, wenn möglich, jede TTOUCH Behandlung damit beenden, aber hier ist es besonders wichtig. Bei Verkrampfung der Muskulatur nach einem intensiven Spaziergang oder einer Überanstrengung hilft der liegende Leopard, wenn Sie an den Oberschenkeln und den Beinen entlang von innen und außen bis zu den Pfoten touchen. Die Pfoten zum Schluss dabei einen Moment lang mit Ihrer Hand umschließen und festhalten. Verletzungen und Wunden müssen zunächst versorgt werden, danach können Sie diese mit dem liegenden Leopard behandeln. Bei Wunden liegt die hohle Hand darüber und gibt so zusätzliche Wärme und Ruhe ab. An der Umgebung neben der Wunde kann dann vorsichtig und mit leichtem Druck getoucht werden. Beim liegenden Leopard liegen die ersten beiden Glieder der Finger auf dem Fell auf. Die Handinnenfläche ist dabei nur leicht gekrümmt. Sie liegt flacher auf als beim „Wolkenleopard", aber mit einem Hohlraum in der Handinnenfläche. Daumen und Daumenballen sowie ein Teil des Handballens werden als Halt benötigt. Achten Sie darauf, dass die Kreise richtig rund sind und die Haut mit den Fingern in eineinviertel Kreisen bewegt wird. Nehmen Sie selbst eine Haltung ein, mit der Sie Schulter, Arm und Hand völlig entspannt bewegen können. Es ist sehr wichtig, dass auch Sie entspannt touchen können. Achten Sie bitte auch auf Ihre Atmung, damit diese im ruhigen und gleichmäßigen Rhythmus erfolgt. Darauf sollte bei allen Behandlungen geachtet werden. Der Unterschied zum Wolkenleopard besteht darin, dass die Hand flacher aufliegt und weniger gekrümmt ist und dass die beiden ersten Fingerglieder aufliegen und nicht nur das erste. Somit hat man eine größere Auflagefläche und einen Hohlraum.

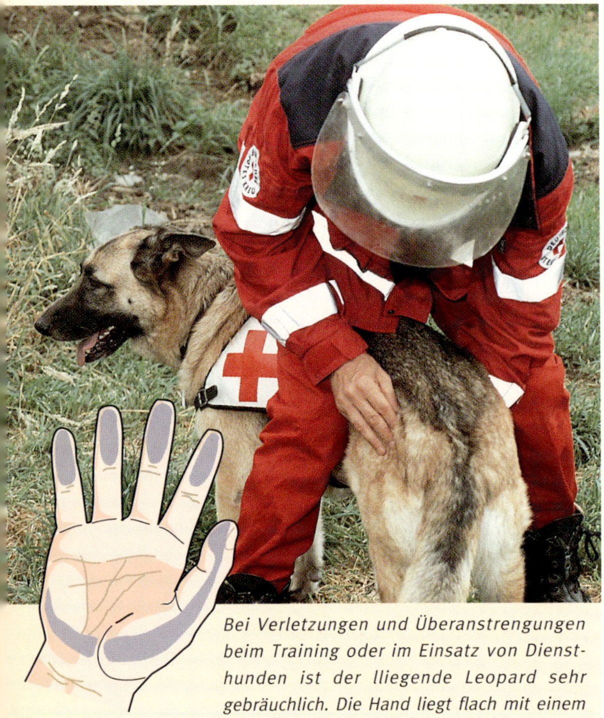

Bei Verletzungen und Überanstrengungen beim Training oder im Einsatz von Diensthunden ist der liegende Leopard sehr gebräuchlich. Die Hand liegt flach mit einem bis zwei Fingergliedern auf dem Körper auf. (Foto: Manuela Eckenbach)

Legen Sie Ihre flache Hand auf und streichen mit sehr weichen, gleichmäßigen Strichen über den ganzen Körper. Achten Sie darauf, dass Sie in Fellrichtung streichen.

Noahs Marsch

Wann einsetzen?

Zum Abschluss einer Behandlung
Zur Kontaktaufnahme vor einer Behandlung

Eine Behandlung sollte immer mit Noahs Marsch beendet werden, da Sie mit diesem TTOUCH alle Bereiche des Körpers wieder miteinander verbinden.

Da Sie vorher mit den kleinen kreisenden TTOUCHes das Bewusstsein in der jeweiligen Region geweckt haben, so verbinden Sie diese mit Noahs Marsch wieder zu einer Einheit. Und erwecken damit das Bewusstsein im ganzen Körper. Wenn Sie Ihren Hund auf eine Behandlung vorbereiten wollen oder mit einem fremden Hund arbeiten, sollten Sie auch mit Noahs Marsch beginnen, um einen besseren Kontakt herzustellen.

Mit der flachen Hand streichen Sie die gesamten Konturen des Körpers ab, am Kopf beginnend über den ganzen Körper bis hinunter zu den Beinen.

Legen Sie Ihre flache Hand auf und streichen mit sehr weichen, gleichmäßigen Strichen über den ganzen Körper. Achten Sie darauf, dass Sie in Fellrichtung streichen.

Die heilenden Hände

Handauflegen, Magnetismus

Das letzte Kapitel ist den heilenden Händen gewidmet. Vielen Menschen und Tieren ist schon durch Handauflegen geholfen worden. Für Leser, die nur mit dem Greifbaren der Ratio zurechtkommen, ist dieses Thema vielleicht nicht geeignet, um es in die Tat umzusetzen. Für diese Hundebesitzer gibt es in den vorherigen Kapiteln schon vielfältige Möglichkeiten, mit ihrem Hund zu arbeiten und ihm zu helfen. Ich möchte hier Menschen ansprechen, die für dieses Thema aufgeschlossen sind oder sich schon einmal damit beschäftigt haben. Auch für Menschen, die schon mit ihren Händen heilen, gibt es sicher noch Anregungen, ihre Kräfte auch gezielt für Tiere einzusetzen, denn gerade unsere Hunde sind so sensibel, dass man auch hier gute Erfolge erzielen kann. Da Tiere mental nicht beeinflussbar sind, reagieren sie ohne Überlegung auf die Behandlung, während der Mensch, der diese ablehnt, sich mit dem Verstand dagegen wehrt und so wenig oder gar nicht reagiert. Wenn Sie in diesem Bereich noch nicht bewandert sind, es aber werden möchten und das Gefühl haben, hierfür geeignet zu sein, dann suchen Sie sich einen guten Lehrer, der Sie einweisen kann. Heute finden Sie auch überall Kurse, die den Therapeutic-Touch lehren. Sie können das Wissen, welches Sie dort erwerben, auch auf Ihren Hund umsetzen oder andere Tiere behandeln. Mit den Händen heilen ist eigentlich eine uralte Weisheit. Beobachten Sie sich einmal selbst, wenn in Ihrer Familie jemand krank war oder ist, wie oft Sie unbewusst schon Ihre Hände aufgelegt haben. Wie viele Mütter legen ihren Kindern die Hän-

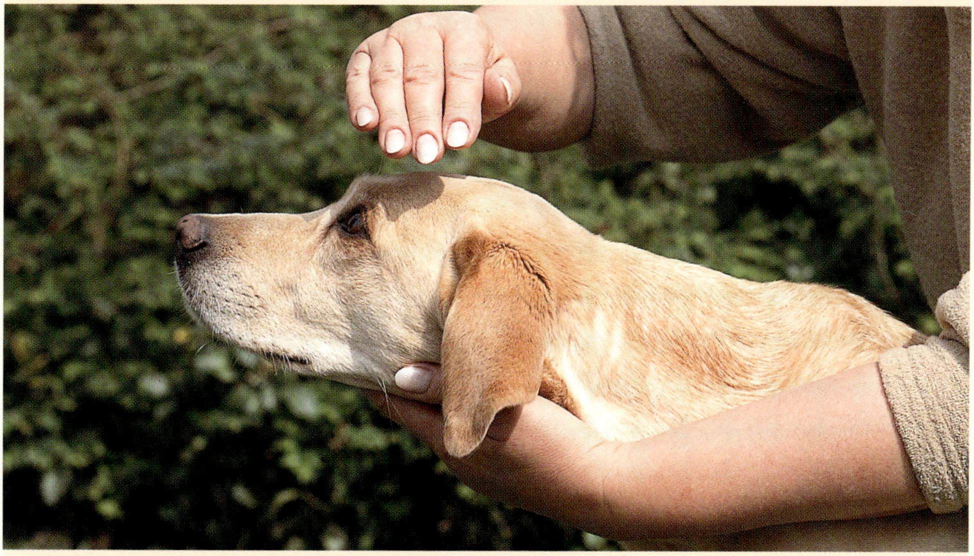

Bei akuten Erkrankungen oder Schmerzen in diesem Bereich sollte der direkte Kontakt mit der Hand vermieden werden. Halten Sie ein wenig Abstand.

de auf den Bauch oder auf den Kopf, wenn sie weinen oder Babys Bauchschmerzen haben. Diese Gesten geschehen heute meistens unbewusst, in unserem modernen Zeitalter sind uns viele natürliche Instinkte verloren gegangen. Dabei verfügt jeder Mensch über Energien, die er weiterleiten kann. Heute ist man sogar in der Lage, die magnetische Ausstrahlung der Hände zu messen.

Meine erste Erfahrung, die ich mit Handauflegen gemacht habe, war 1982 in München bei einem Pater, der auch Bücher über das Pendeln und Rutengehen geschrieben hat. Als ich damals in München war, hatte ich meinen Dackel bei mir, der auf der Reise die Dackellähmung bekam. Ein Arztbesuch hatte zur Folge, dass er eingeschläfert werden sollte. Whisky war erst vier Jahre alt, und ich konnte mich nicht überwinden, ihn schon einschläfern und in München in der Tierarztpraxis zu lassen. Ich bat deshalb den Arzt noch um einen Tag Bedenkzeit. Im Hotel hatte Pater S. gerade einen Kursus für Rutengänger. Wir kamen ins Gespräch, und er bot mir an, Whisky zu behandeln. Nach zwei Tagen war er soweit wieder hergestellt, dass ich die Reise fortsetzen konnte. Hier habe ich das erste Mal erleben können, wie jemand mit seinen Händen Energie übertragen hat und meinem Hund geholfen hat. Man konnte beobachten, dass während der Behandlung eine Veränderung vor sich ging. Der Körper entspannte sich und die Augen, vorher noch trübe und gezeichnet von den Schmerzen, wurden klar, der Hund zeigte schon am ersten Tag wieder Lebensfreude und man konnte sehen, dass er keine Schmerzen mehr hatte. Am zweiten Behandlungstag kam dann auch die Beweglichkeit zurück.

Pater S. behandelte auch meinen Rücken und meine Schultern, ich hatte starke Schmerzen und Verspannungen, diese waren nach zwei Behandlungen verschwunden, und ich konnte mit meinem Hund zusammen den Urlaub genießen. Zur Vorsicht habe ich Whisky zu Hause noch mit Magnetfeld und Homöopathie und Massagen weiter behandelt, und nach zwei Monaten war er wieder völlig gesund und zeigte keinerlei Anzeichen einer Erkrankung. Das war ein Schlüsselerlebnis um Kurse zu besuchen, die sich mit Magnetismus, Handauflegen und Geistheilung beschäftigen.

Reiki

Reiki (sprich: Reeki) bedeutet Energie, fließende Energie, Lebensenergie, von Reiki-Meistern auch als Liebes- oder Engelsenergie bezeichnet. Es ist damit alles Fließende, das in allem Lebenden wohnt, gemeint, sei es Mensch, Tier oder die Pflanzen. Bei Reiki leiten Sie Energie weiter, Sie sind sozusagen ein Vermittler, der die kosmische Energie aufnimmt und weiterleitet. Dies kann geschehen, indem Sie die Hände in geringer Entfernung über dem Körper halten, sie auf den Körper legen oder bei Fernreiki nur mit den Gedanken arbeiten. Sie haben dadurch bei Reiki selten das Gefühl, Ihre eigene Kraft und Energie abzugeben, was bei anderen Heilmethoden oft der Fall ist. Ursprung, Technik und Wirkung – alle diese Dinge werden Ihnen in Reiki-Kursen vermittelt.
Mit dem Thema Reiki möchte ich vor allen Dingen die Menschen ansprechen, die schon eine Reiki-Einweihung haben, gleichgültig welchen Grades. Ich muss immer wieder feststellen, dass sie Tiere nicht bewusst in die Reiki-Energie mit einbeziehen. Oft sind sie erstaunt, wenn ich sie bitte, ihrem Hund Reiki zukommen zu lassen und die Therapien, die ihr Hund eventuell ansonsten noch bekommt, mit Reiki zu unterstützen. Dabei sprechen alle Tiere auf Reiki an, vor allen Dingen nehmen Tiere diese Behandlung vorbehaltlos an. Wenn Sie einmal bewusst darauf achten, können Sie sehr schöne Erfahrungen machen.

Sie können an Ihrem Hund eine Ganzkörperbehandlung durchführen, wenn er so lange stillhält. Sie können sich auch auf die einzelnen Probleme beschränken, unter denen Ihr Hund leidet, und nur eine gezielte, örtliche Behandlung durchführen. Oft wird Ihr Hund die Stelle zeigen, an der er die Behandlung wünscht. Er wird sich so hinlegen oder sich unter Ihren Händen drehen und wenden, bis Ihre Hände über der Stelle liegen, die ihm angenehm ist. Wenn Sie eine gezielte Behandlung durchführen, dann geben Sie dem ganzen Körper nur ganz kurz Reiki und halten Ihre Hände dann länger über die zu behandelnde Stelle. Reiki-Hände eignen sich auch sehr gut zur Chakra-Arbeit. Sie sollten zu jeder Reiki-Behandlung auch das passende Chakra aussuchen und dieses kurz mit Reiki behandeln. Sollte Ihr Hund zu unruhig sein und nicht stillhalten, was eigentlich nur bei jungen Hunden vorkommt, so geben Sie Ihrem Hund Fernreiki und mit der Zeit wird er die Einwirkung spüren und sich auch vor Ort behandeln lassen. Sie haben dann ja auch noch die Möglichkeit, eine Teilbehandlung zu machen. Bei Reiki, welches Sie dem ganzen Körper zukommen lassen wollen, fangen Sie wie beim Menschen am Kopf an.

Hier die Reihenfolge:
Sie fangen am Kopf an, gehen über den Hals zur Schulter, dann nehmen Sie die Vorderbeine, also Oberarme, Unterarme, dann die Vorderpfoten, gehen zurück zur Brust über Bauch und Becken. Dann legen Sie die Hände auf die Brustwirbelsäule, gehen über die Lendenwirbelsäule und die Schwanzwurzel (Wurzelchakra), gleiten über die Oberschenkel, Unterschenkel, dann an den Hinterpfoten entlang, beenden die Reiki-Behandlung, indem Sie zunächst die Vorderpfoten nochmals mit Ihren Händen umschließen und dann die Hinterpfoten, um in Gedanken die gegebene Energie damit im Körper des Hundes zu manifestieren. Am besten ist es noch, wenn Sie mit einer Hand die beiden Vorderpfoten und mit der anderen die beiden Hinterpfoten umschließen. Sie müssen immer mit beiden Händen Reiki geben.

Bei einer Teilbehandlung geben Sie kurz Reiki über den Körper des Tieres oder auch nur in Gedanken und arbeiten dann über den zu behandelnden Stellen. Bei einer Ganzkörperbehandlung reicht es aus, wenn Sie jeder Stelle zwei Minuten Reiki geben. Bei Behandlung schmerzhafter Stellen, die örtlich behandelt werden, geben Sie drei bis sechs Minuten Reiki. Eine längere Behandlung bringt keinen größeren Erfolg. Im Allgemeinen reicht eine Reiki-Behandlung pro Tag aus. Bei akuten Beschwerden sollte Reiki einige Male am Tag gegeben werden. Bei einer Reikibehandlung können Sie keine Überdosierung geben, denn wenn Tiere genug Energie aufgeladen haben, dann halten Sie auch nicht weiter still. Manchmal möchte Ihr Hund auch nur eine Pause machen und fordert dann wieder eine Behandlung. Im Laufe der Zeit sammeln Sie selbst durch Beobachtungen Ihre eigenen Erfahrungen.

Sie werden sehen, dass es bei den Tieren genau wie bei Menschen immer etwas anders ist. Jeder Hund kann Reiki in irgendeiner Form gebrauchen. Sei es, dass er aus dem Tierheim kommt und seelische Probleme hat (kein Vertrauen, Angst) oder ein Rassehund mit zuchtbedingten Problemen ist. In diesen Fällen muss man auch trotz Reiki-Händen viel Geduld haben. Auch bei Narben nach Operationen ist Reiki eine gute Hilfe. Wurde zum Beispiel die Sterilisation oder Kastration ohne Einwilligung unseres Hundes gemacht, braucht er Unterstützung. In diesem Fall legen Sie Ihre Hände auf den Bauch und denken auch an das Wurzelchakra. Bei allen Erkrankungen der oberen Luftwege legen Sie eine Hand auf den Kopf, die andere Hand auf die Brust.

Bei Krankheiten der Gelenke legen Sie eine Hand hinter die Ohren und die andere Hand auf das Wurzelchakra. Bei Bedarf nehmen Sie dann jedes betroffene Gelenk einzeln in beide Hände. Bei allen Verdauungsbeschwerden oder Erkrankungen der inneren Organe legen Sie eine Hand auf den Körper und eine Hand unter den Körper und geben Reiki vom Brustansatz bis zum Ende des Körpers, indem Sie parallel beide Hände gleichzeitig gleiten lassen.

Chakrabehandlungen

Beim Menschen spricht man von sieben Hauptchakren und einigen Nebenchakren. In der Literatur werden beim Hund nur vier Chakren erwähnt: das Herzchakra, das Bauchchakra, das Nabelchakra und das Wurzelchakra. Der Hund verfügt auch über ein Stirn-, Scheitel- und Halschakra (bei Katzen setzt man es voraus und behandelt auch diese). Deshalb habe ich auch bei Hunden diese drei Chakren mitbehandelt, um Beobachtungen zu machen, ob und welche Reaktionen eintreten und in welchen Bereichen. Meine Erfahrungen, die ich dabei gemacht habe, waren sehr positiv, vor allen Dingen erfolgte eine sehr schnelle Reaktion in folgenden Bereichen: Ängstliche, scheue Tiere fassten wieder Vertrauen, aggressive Hunde wurden wieder ruhiger – alles, was mit Verhaltensstörungen zusammenhing, zeigte eine schnelle positive Reaktion. Auch die Bindung zum Besitzer wird anders, das Vertrauensverhältnis ändert sich. Vor allen Dingen dann, wenn der Besitzer bereit ist, mit seinem Hund im mentalen Bereich zu harmonisieren und zu kommunizieren. Wenn Sie also im mentalen Bereich arbeiten möchten, ist gerade bei Scheitel- und Stirnchakren eine Harmonisierung und Reinigung sehr wichtig. Sie können dies sehr gut über Bachblüten, Reiki Licht oder Musik erreichen. Man sollte bei Energiearbeiten ganz leise Musik mit einsetzen.

Das Halschakra kann auch beim Hund die Fähigkeit fördern, sich über Laute zu artikulieren und sich Ihnen verständlich zu machen. Es gibt Menschen, die mit ihrem Hund sprechen. Ich habe dies früher nie verstanden, weil ich mir nicht vorstellen konnte, wie das funktionieren soll. Inzwischen habe ich selbst die Erfahrung gemacht, dass man sich mit seinem Tier nicht nur über Gesten verständigen kann. Hunde sind durchaus in der Lage, sich ganz gezielt über Laute zu äußern. Sie werden dafür allerdings keine wissenschaftliche Bestätigung bekommen – im Gegenteil.

Ich überlasse es Ihnen, ob Sie mit Chakren arbeiten oder nicht. Aber wenn Ihr Hund Beschwerden hat, die medizinisch nicht diagnostizierbar sind, er auf keine Behandlung anspricht und Sie selbst keine Chakrabehandlung machen wollen – versuchen Sie es mit einem Therapeuten, der über die Chakren arbeitet! Wenn der Therapeut es auch nicht über Energiearbeit macht, so sollte er sich mit der Farblichttherapie auskennen und damit arbeiten.

Bei allen Energiearbeiten, auch bei der Chakrabehandlung, sollte vor der Behandlung dafür gesorgt werden, dass der Hund und Sie selbst völlig entspannt sind. Bereiten Sie ihn zum Beispiel mit dem TTouch, Musik, Handauflegen oder einfachem Ausstreichen des Körpers auf die Behandlung vor. Bei vielen Hunden reicht es, wenn Sie den Körper ausstreichen, so wie man eine Behandlung beginnt und auch beendet.

Wie arbeite ich mit den Chakren?

Bevor Sie mit der Chakrenarbeit beginnen, sollten Sie einiges beachten, was Sie selbst betrifft. Sorgen Sie dafür, dass Sie selbst zu einer inneren Ruhe finden und nicht nervös oder hektisch sind. Verweilen

Sie einige Minuten, um tief durchzuatmen und ganz ruhig zu werden. Wenn Sie über Kenntnisse des autogenen Trainings verfügen oder meditieren können, ist es sowieso kein Problem. Halten Sie vor der Behandlung Ihre Hände unter fließendes kaltes Wasser, um alle negativen Energien abfließen zu lassen – das Gleiche wiederholen Sie auch nach der Behandlung. Trocknen Sie Ihre Hände nicht ab, sondern schütteln Sie sie ab und lassen sie an der Luft trocknen. Das hat den Vorteil, dass Sie Ihrem Hund keine negativen Energien übertragen und selbst keine aufnehmen. Sie sollten sich diesen Vorgang als Selbstverständlichkeit bei allen Energiearbeiten einprägen, die Sie an Ihrem Hund oder an einem anderen Körper durchführen.

Technik der Chakrabehandlung

Sie arbeiten im Grunde genommen mit Ihrem eigenen Handchakra. Das Handchakra liegt in der Mitte Ihrer Handfläche. Sie legen Ihre Hand über das zu behandelnde Chakra. Ihre Hand liegt ganz leicht auf dem Chakra des Hundes auf. Wenn Sie über längere Erfahrung verfügen und Sie selbst spüren, dass ein Energieaustausch stattfindet, dann können Sie Ihre Hand auch über das Chakra legen, ohne den Hund zu berühren. Sie spüren den Energieaustausch, allerdings gibt es dafür keine festen Regeln. Jeder empfindet es anders und beschreibt diese Empfindungen mit anderen Worten, zum Beispiel als Wärme, elektrische Ströme, ein Kribbeln in den Händen, Stechen oder auch Schmerz. Sie sollten, wenn Sie mit Energie arbeiten, so oft Sie können üben. Halten Sie eine Hand circa zwei Zentimeter über dem Körper und halten die andere Hand als Kontakt zu Ihrem Hund. Dann gleiten Sie mit der Hand über den ganzen Körper. Sie werden mit der Zeit spüren, dass der Körper des Hundes unterschiedliche Wärme abstrahlt, bis hin zur Hitze oder auch Kälte. Sie können bei Wärme oder Hitze davon ausgehen, dass Entzündungen vorhanden sind, bei Abstrahlung von Kälte handelte es sich um Blockaden oder Durchblutungsstörungen.

Sie können auch mit Ihrem Zeigefinger auf die Mitte des Chakras zeigen, ohne den Hund zu berühren, um mit Ihrer eigenen Aura und Energie zu arbeiten. Es ist dann so, als ob Sie mit einem Laserstrahl arbeiten. Bei einem Tier, das Schmerzen hat, sollte man die Hände nicht fest auf das Chakra oder die schmerzenden Stellen legen, sondern über dem Körper arbeiten. Die Chakrabehandlungen dauern insgesamt höchsten 15 bis 20 Minuten, da Hunde und Tiere allgemein sehr schnell auf Energiearbeit reagieren.

Scheitelchakra

Mit der Arbeit am Scheitelchakra erreichen Sie eine Beruhigung des Hundes, Sie wirken auf Angst und Schmerzen ein, und der Hund reagiert auf das Scheitelchakra sehr gut bei allen im Kopf befindlichen Krankheiten (Stirnhöhlen-, Kiefern-, Nasen- und Ohrerkrankungen).

Sie können auch mit dem Scheitelchakra und dem Wurzelchakra hintereinander oder, wenn es sich machen lässt, gleichzeitig arbeiten, um eine Verbindung und Stabilisierung von Bodenständigkeit zu erreichen. Sie sollten beim Scheitel-, Stirnchakra und allen Behandlungen am Kopf des Hundes beachten, dass es Hunde gibt, die sich am Kopf gar nicht oder erst nach langsamem Vortasten anfassen lassen. Es ist eine Frage des Vertrauens. Bestehen Sie nicht auf der Behandlung, Sie können sonst zuerst das Gegenteil von Ihrem Vorhaben erreichen. Reagiert der Hund ablehnend, ja agressiv, sollte man zuerst mit einer anderen Methode arbeiten und sich langsam zum Kopf vortasten. Eine gute Vorbereitung sind Akupressur und TTOUCH. Das Scheitelchakra finden Sie genau auf dem Kopf zwischen den Ohren.

Stirnchakra

Das Stirnchakra wird auch als drittes Auge bezeichnet, als geistige Reife, Hellsichtigkeit, das Erreichen der obersten Stufe der Entwicklung. Bei Hunden, die geistig und körperlich eingeengt werden (Kettenhunde, Zwinger- und Tierheimtiere), treten Verhaltensstörungen auf, die auch mit dem Stirnchakra in Zusammenhang gebracht werden. Allerdings ist gerade bei diesen Hunden Vorsicht geboten, wenn man am Kopf arbeiten möchte.

Das Stirnchakra kann eingesetzt werden bei Kopfschmerzen und allen mit dem Kopf zusammenhängenden Krankheiten, zum Beruhigen des Hundes vor Prüfungen oder ungewohnten Ereignissen, bei ängstlichen Hunden oder bei Angst vor Gewitter und lauten Geräuschen. Dabei können Sie auch Ihre Hand gleichzeitig auf das Scheitel- und Stirnchakra auflegen. Zur Blockadenlösung wird es in Verbindung mit dem Bauch- und dem Wurzelchakra angewandt. Das Stirnchakra liegt in der Mitte oberhalb zwischen den Augen auf der Stirn.

Halschakra

Für die Kommunikation mit der Stimme ist das Halschakra zuständig. Wenn Sie im Bereich der Verständigung über Stimme und Geist kommunizieren wollen, dann stärken Sie Ihrem Hund das Halschakra in Verbindung mit dem Stirnchakra. Gesundheitliche Probleme mit dem Halsbereich, Kehlkopf, Schilddrüse, Speiseröhre, Bronchien, Atemwege allgemein und auch die vorderen Gliedmaße können Sie mit dem Halschakra behandeln. Das Halschakra finden Sie direkt über dem Kehlkopf.

Herzchakra

Das Herzchakra ist für alle Impulse der Liebe zuständig, auch für die allgemeine Kommunikation. Treten hier Störungen auf, können Verhaltensstörungen resultieren, es kann zu Problemen am Herzen selbst, Kreislauf- und Herzrhythmusstörungen sowie Stoffwechselkrankheiten kommen. Wenn Ihr Hund extrem schnell friert, kann ebenfalls das Herzchakra dafür verantwortlich sein. Man sollte nicht nur an die Durchblutung denken. Außerdem spricht es die Funktion der Schilddrüse und der Hypophyse an und gibt Impulse an das Nervensystem ab. Das zentrale Nervensystem reagiert gut auf eine Behandlung des Herzchakras in Verbindung mit dem Bauchchakra, auch als Sonnengeflecht bekannt. Auch alle hormonellen Zusammenspiele können beeinflusst werden. Das Herzchakra liegt genau über dem Herzen des Hundes an der linken Brustseite.

Bauchchakra

Über das Bauchchakra werden die inneren Organe angesprochen, Leber, Galle, Magen, Bauchspeicheldrüse und Stoffwechselstörungen, das zentrale Nervensystem sowie das Zwerchfell, das für das Atemzentrum zuständig ist. Hier kann man über Wärme die Blockaden lösen, auch die, die über die Wirbelsäule ausgelöst werden. Das Bauchchakra, auch Solarplexus genannt, kann man in allen Bereichen, die mit dem Nervenzentrum zusammenhängen, behandeln. Das Bauchchakra finden Sie am Ende des Brustbeines in der Mitte des Körpers.

Scheitel- und Wurzelchakra können sehr gut miteinander kombiniert werden. Man kann den Energiefluss des ganzen Körpers damit ausrichten.

Nabelchakra

Alle im Bauchraum liegenden Organe können über das Nabelchakra beeinflusst werden, also Därme, Milz, die Fortpflanzung. Bei der Hündin kann man schon auf den Nachwuchs eingehen. Ebenso wird das Immunsystem stabilisiert. Auch bei allen Verdauungsbeschwerden, die über die Psyche ausgelöst werden können (Durchfall, Verstopfung und Blähungen), haben Sie eine gute Erfolgschance, über das Nabelchakra zu arbeiten – auch in Verbindung mit dem Bauchchakra. Das Nabelchakra liegt knapp vor dem Nabel.

Wurzelchakra

Das Wurzelchakra übernimmt alle Informationen, die in Verbindung mit der Erde stehen. Beim Hund befindet es sich am Schwanzansatz am Ende des Kreuzbeines.

Man kann den Schwanz auch als eine Leitung zur Erde verstehen. Hiermit werden Botschaften und irdische Energien aufgenommen. Wenn dieses Energiezentrum gestört ist oder der Schwanz durch Kupieren oder Unfall verloren gegangen ist, so hat der Hund eine wichtige Informationsquelle zur Erde und Verbindung zu deren Kräften verloren. Es treten Probleme im Rücken, im Beckenbereich, an den Hinterbeinen, Gleichgewichtsstörungen, Orientierungslosigkeit oder Instinktschwäche auf, und der Entwicklungsprozess kann gestört sein. Auch alle Geschlechtsorgane und die Nieren können betroffen sein. Hier kann man mit großem Erfolg über das Wurzelchakra arbeiten, auch mit der Lichttherapie und mit der Schwanzarbeit, die bei Linda Tellington-Jones beschrieben wird.

Literaturhinweise

LINDA TELLINGTON-JONES, SYBIL TAYLOR: Der neue Weg im Umgang mit Tieren, Kosmos Verlag

PENELOPE SMITH: Gespräch mit Tieren, Verlag Zweitausendeins

PENELOPE SMITH: Tiere – Gefährten auf dem Weg zur Ganzheit, Verlag Zweitausendeins

CHRISTEL SELIGMANN: Reiki mit Tieren, Verlag Peter Erd, München

ROSINA SONNENSCHMIDT: Heilende Hände für Tiere, Kosmos Verlag

BRUNHILDE MÜHLBAUER in: Fit für die Arbeit, Der Rettungshund, RH-Verlag

BRUNHILDE MÜHLBAUER: Booklet Tellington Touch für Hunde, Die 10 wichtigsten Griffe, RH-Verlag